Otto Schrader

Augusta, Herzogin zu Sachsen,

die erste deutsche Kaiserin

Otto Schrader

Augusta, Herzogin zu Sachsen,
die erste deutsche Kaiserin

ISBN/EAN: 9783742891723

Hergestellt in Europa, USA, Kanada, Australien, Japan

Cover: Foto ©ninafisch / pixelio.de

Manufactured and distributed by brebook publishing software (www.brebook.com)

Otto Schrader

Augusta, Herzogin zu Sachsen,

Augusta

Herzogin zu Sachsen, die erste deutsche Kaiserin.

Züge und Bilder aus ihrem Leben und Charakter,
nach mehrfach ungedruckten Quellen.

Von

Dr. O. Schrader,
a. o. Professor in Jena.

Weimar
Hermann Böhlau
1890.

Vorwort.

Das vorliegende Büchlein ist aus einer Rede hervorgegangen, welche ich zur Feier des diesjährigen Geburtstags Sr. K. Hoheit des Großherzogs von Sachsen zu halten veranlaßt war. Bei der Beschäftigung mit derselben drängte sich mir die Überzeugung auf, daß eine umfassende Biographie der verstorbenen Kaiserin auf Grund der reichlich vorhandenen, teils erschlossenen, mehr noch zu erschließenden Quellen eine Aufgabe ist, deren Lösung das Deutsche Volk erwarten darf.

Sollte diese Schrift, welche dem sonstigen Arbeitsgebiet des Verfassers sehr fern liegt, die Teilnahme für ein solches Werk vermehren und einen kleinen Beitrag zu demselben bieten, so ist ihr Zweck erreicht.

Jena, den 28. August 1890.

O. Schrader.

Es war das Schwanenlied Friedrich Schillers, mit welchem er am 12. November 1804 die junge Gemahlin des Erbprinzen Carl Friedrich, die Großfürstin Maria Pawlowna, in Weimar begrüßte:

„Wachse, wachse, blühender Baum
Mit der goldnen Früchtekrone,
Den wir aus der fremden Zone
Pflanzten in dem heimischen Raum.
Fülle süßer Früchte beuge
Deine immer grünen Zweige!"

Der Wunsch des sterbenden Dichters ward erfüllt; denn die junge Frau, welche tiefbewegt seinen Huldigungen lauschte, sollte nicht nur dem engen Thal, in welches sie aus einer glänzenden Welt herabgestiegen war, ein blühendes Herrschergeschlecht gebären, welches die Pflege des geistigen Erbes einer großen Vergangenheit als seine vornehme Aufgabe betrachtet, sondern sie war auch dazu auserlesen, dem aus tiefer Not neu erstehenden deutschen Reich seine erste Kaiserin zu geben.

In klaren Umrissen ist die ehrwürdige Heldengestalt Kaiser Wilhelms in das Herz jedes Deutschen eingegraben. Sein Bild schwankt nicht mehr „von der Parteien Haß und Gunst verwirrt", Freund und Feind haben vor ihm in Ehrfurcht ihre Fahnen gesenkt.

Wenig weiß das Volk von Kaiserin Augusta. Das liegt einerseits in dem Wesen der deutschen Frau, deren Wirksamkeit, auch wenn sie vom Throne ausgeht, selten so hervortritt, daß sie in den Anschauungen der Menge die Vorstellung einer ausgeprägten Persönlichkeit erzeugt. Andererseits aber scheute die zurückhaltende Natur der Kaiserin vor jedem lauten Hervortreten, auch vor dem Schein eines Haschens nach Volksgunst zurück.

Aber mehr und mehr öffnet sich der Schatz ihres brieflichen Nachlasses, der einen Einblick in ihr Wirken und Wollen gestattet, immer lauter reden die Zeugen, denen es vergönnt war, ihre Thätigkeit im Leben zu beobachten, und immer klarer wird es, was bei ihren Lebzeiten nur wenige wußten, daß, wenn man von den besten Frauen unseres deutschen Vaterlandes spricht, auch Kaiserin Augustas Name genannt werden muß.

Dieser Fürstin sollen die folgenden Blätter gewidmet sein.

Es war eine große und eine schwere Zeit, in welcher die Prinzessin Augusta am 30. September 1811, als zweite Tochter des erbprinzlichen Paares, geboren wurde. Noch war die kleine Stadt an der Ilm das Bethlehem, nach welchem das Auge der gebildeten Welt schaute, noch lebten und wirkten Carl August und Goethe, Kaiser und Kanzler dieses Reichs des Geistes. Aber die Wolken der Fremdherrschaft lasteten schwer auf den deutschen Landen, wenn auch schon die Vorboten des Sturmes sich mehrten, der sie zerteilen sollte.

Am 15. Dezember 1812 war der Imperator als erster Bote seines auf den Eisfeldern Rußlands hereingebrochenen Verhängnisses durch Weimar geflohen. Das kommende Frühjahr brachte die Erhebung Preußens, und nun schien sich auch der stille Musenhof Weimars durch die ununterbrochenen Durchzüge der auf die neuen Schlachtfelder eilenden Truppen, als mehrtägiges Hauptquartier der Verbündeten, als Hauptlazarett des zweiten Erfurt belagernden preußischen Armeekorps in ein stehendes Kriegslager zu verwandeln.

In diese sorgenschwere Zeit fiel die erste Kindheit, in die politische Ruhe, welche dem Wiener Kongreß folgte, die Erziehung der Prinzessin.

Sie gehörte zu den Glücklichen, die eine edle Mutter mit ihrem leuchtenden Vorbild durch die Dämmerung der Kindheit geleitet und unvermerkt die eigenen Gedanken, Empfindungen, Tugenden in die zarte Seele des Kindes pflanzt, so daß später aus dem Bilde der Tochter die Züge der Mutter uns wunder=

bar anmuten. „Die Großfürstin", so schreibt der Minister von Watzdorf,¹) „war eine Dame von reich gebildetem Geiste, tiefem Gemüte, lebendigem Sinn und gutem praktischen Verstand. Sie besaß große Festigkeit des Charakters, wurde den Grundsätzen, die sie in sich aufgenommen, niemals untreu und verfolgte mit unermüdlicher Ausdauer die Ziele, die sie sich gesteckt hatte. Aus den großartigen Verhältnissen, in denen sie geboren und erzogen war, hatte sie in die kleinen Verhältnisse des kleinen Landes jene Klarheit des Urteils mitgebracht, welche sich über den Dingen und Personen hält. Ihr größter und erhabenster Vorzug aber lag in ihrem durchaus christlichen Sinn und Handeln. Man konnte kein Herz finden, welches das Gebot der Liebe reiner und vollständiger in sich aufgenommen und geübt hätte als das ihrige. Niemand war mehr als sie von der Überzeugung durchdrungen, daß der Mensch auf Erden sei, um durch strenge Pflichterfüllung seinen Mitmenschen zu dienen."

Goethe hat es oft hervorgehoben, wie durch ihre verständnisvolle Freigebigkeit sein Dasein verschönt, seine Aufgaben als Oberaufseher der „unmittelbaren Anstalten für Kunst und Wissenschaft" erleichtert, ja ermöglicht würden. Aber eigenartiger und schöpferischer als hier, wo sie doch nur durch andere wirkte, erwies sich die Großfürstin in ihrer Sorge für die Armen und Leidenden wie überhaupt für alle gemeinnützigen Bedürfnisse des Landes. Sie, die Fremde, hatte den Dichter wohl verstanden:

"Schnell knüpfen sich der Liebe zarte Bande:
Wo man beglückt, ist man im Vaterlande."

Eine That von wahrhaft historischer Bedeutung ist hier ihre Begründung des "Patriotischen²) Fraueninstituts", das hervorgegangen aus der Not der Befreiungskriege, sich mit Einstellung der Feindseligkeiten nicht wie die verwandten Schöpfungen auflöste, sondern mit einem Netz von Vereinen das Großherzogtum umfaßte und auch im Frieden für die Zwecke der Unterstützung und Volkserziehung als Vereinigungspunkt bestehen bleiben sollte "für alle diejenigen Menschenfreunde, die ihre Wohlthaten in ihm, als auf dem Altar des Vaterlandes, niederlegen wollten". Die Prinzessin von Preußen hat später die Geschichte der ersten 25 Jahre dieses Instituts niederschreiben lassen, um, wie es in der Widmung an die Mutter heißt, "kommenden Zeiten die Grundsätze eines Instituts zu überliefern, das den Stempel echt weiblicher Tugend und fürstlicher Würde trägt".

So ward in "dem Thal bei armen Hirten" ein Baum gepflanzt, der unter der Obhut der Tochter dereinst, wie wir bald sehen werden, Not und Leid im ganzen deutschen Vaterlande beschatten sollte.

Nicht minder ernst wie mit ihren Pflichten als Landesmutter nahm es Maria Pawlowna mit der Erziehung der Kinder, die sie zu strenger Arbeitsamkeit und Pflichterfüllung, Einfachheit der Bedürfnisse, aber auch zu peinlicher Beobachtung der fürstlichen Umgangsformen anhielt,³) deren meisterhafte Beherrschung später die Königin und Kaiserin nicht immer in den Augen Fernstehender so natürlich erscheinen ließ, als sie es im Grunde des Herzens war.

In den Sorgen der Erziehung stand der Mutter der große Dichter und Freund des herzoglichen Hauses treu mit Rat und That zur Seite, und es ist eine erhebende und rührende Vorstellung, das junge Fürstenkind, das einst Deutschlands Kaiserin sein sollte, zu Füßen des alten Weisen sich zu denken, wie es mit offenem Munde dem Ernst und Scherz, der von seinen Lippen fließt, lauscht. Eine anmutige Scene dieser Art schildert Heinrich Meyer, der Vertraute der erbprinzlichen Familie, der kunstverständige Freund Goethes. Der Schauplatz ist der jenaische Prinzessinnengarten, welcher durch Verhandlungen Goethes, damit den „teuren Prinzessinnen ein heiterer und nützlicher Sommer bereitet" werde, erst miet=, dann kaufweise von der Eigentümerin, Frau Hofrätin Griesbach, für die Großfürstin erworben⁴) wurde. Hier weilten Goethe und Meyer mit den beiden Prinzessinnen im Mai 1816. „Prinzessin Maria" (die ältere Schwester Augustas), so schreibt Meyer,⁵) „zeichnet alle Tage ein wenig, wir verfertigen jenaische Gartenhäuser im gothischen Geschmack, wie auf dem Wege nach Zwätzen gebaut sind. Auch auf der Cunitzburg sind wir gewesen und haben in Cunitz selbst den Studenten das Lied „Ein freies Leben führen wir" abgelernt. Eines Abends empfahl sich Goethe dadurch, daß er allerlei Merkwürdiges aus dem Orient berichtete und der Prinzessin Chinesisch und Arabisch vorschrieb, ein andermal ich mit gar sinn- und geistreichen Bettlergeschichten. Nächstens werden ceylonische Märchen von Schlangen unsere Unterhaltung sein, worauf Goethe schon seit ein paar Tagen studiert und die gehörigen Quartanten nachgeschlagen hat. Prinzessin Auguste ist wie immer recht lieb und wohnt hier neben mir im Schlosse."

Ein andermal hat der ewig Junge den fürstlichen Kindern in den sogenannten Teufelslöchern eine vergnügliche Überraschung bereitet. „In diesen Jahren", bemerkt er, „bedarf es einen geringen Anlaß, um überrascht zu werden und zufrieden zu sein".[6]) Im Prinzessinnengarten beobachtete ferner Goethe am 7. September 1820 mit seinen kleinen Lieblingen und dem Großherzog eine Sonnenfinsterniß.[7]) An gleichem Ort und in gleichem Jahre ist auch ein kleines Gedicht Goethes an die Prinzessin Augusta zu ihrem neunten Geburtstag geschrieben, dessen erste Strophe, die die Scenerie des Prinzessinnengartens schildert, lautet:

„Alle Pappeln, hoch in Lüften,
Jeder Strauch in seinen Düften,
Alle sehn sich nach Dir um.

Berge schauen dort herüber,
Leuchten schön und jauchzten lieber;
Doch der schöne Tag ist stumm."

Es folgen dann noch zwei weitere Strophen:

„Lustschalmeien will man hören,
Flöten, Hörner und von Chören
Alles, was nur Freude regt.
Selbst an seiner strengen Kette
Springt das Freundchen um die Wette
Immer hin und her bewegt.

Und so täuschen wir die Ferne,
Segnen alle holden Sterne,
Die mit Gaben Dich geschmückt.
Neue Freude, neue Lieder
Grüßen Dich! erscheine wieder!
Denn der neue Frühling blickt."

Dieselben sind mir nicht durchaus klar, und gewinnen auch nicht, wie man vermuten könnte, an Verständnis durch den Hinblick auf den Kupferstich Elzheimers Aurora, welcher von Goethe gleichzeitig überreicht wurde. Derselbe, 1613 vom Grafen Goudt gestochen, wie mich Herr Geh. Hofrath Dr. Ruland belehrt, befindet sich z. B. im Goethe-Nationalmuseum und stellt eine kleine Landschaft mit Morgenstimmung und Beleuchtung dar.

Der Prinzessin Augusta ist wohl auch ein anderes Gedichtchen gewidmet mit einem Bilde Schloß Belvedere in der Abendsonne:

„Erleuchtet draußen hehr vom Sonnengold,
Bewohnt im Innern traulich, froh und hold,
Erzeige sich Dein ganzes Leben so:
Nach außen herrlich, innen hold und froh."

Jedenfalls war Belvedere neben dem Prinzessinnen=
garten ein beliebter Sommeraufenthalt der fürstlichen
Kinder. „Gestern war ich in Belvedere", schreibt
Frau von Schiller[8]) am 28. Juni 1812; „es hat mir
dort sehr gefallen, und die Prinzessinnen sind glück=
lich wie die Engel und leben mit der Natur, den
Vögeln, den Blumen, und Prinzeß Marie hat ein
Schäfchen, das wie ein Hund nachläuft."

Auch an der Auswahl der Lehrer und der Ord=
nung der materiellen Verhältnisse mit ihnen nahm
Goethe regen Anteil.[9]) Für ihre Ermittelung bietet
ein im Großherzoglichen Hausarchiv erhaltener Stun=
denplan[10]) der Prinzessinnen Marie und Augusta
einigen Anhalt. Nach diesem und anderen Zeugnissen
erteilten den kunstgeschichtlichen und den Zeichen=
unterricht der schon genannte Hofrat Meyer und die
treffliche, von Goethe warm geförderte Malerin Luise
Seidler (seit 1823), ein Jenenser Kind.[11]) Es war
das Gebiet, auf welchem es die Prinzessin bis zu
einem hohen Grad des Könnens brachte, wovon einige
Veröffentlichungen, wie die zum Verkauf auf der
Wartburg für die Armen ausliegenden Wartburg=
blätter, die „evangelische Kirchenornamentik" und die
„Rheinanlagen bei Coblenz", die künstlerische Dar=

stellung einer Lieblings= und Meisterschöpfung der Kaiserin, zeugen. In der Musik, dem von der Mutter leidenschaftlich gepflegten Fach, unterrichtete Johann Nepomuk Hummel,[12] „unser unvergleichlicher Kapellmeister", wie ihn Goethe nennt. Auch auf diesem Feld versuchte sich die Prinzessin. Ein Marsch von ihr ist einmal in einer weltgeschichtlichen Stunde, am Schlachtenabend von Sedan, dem König Wilhelm von seinen Soldaten gespielt worden.[13]

Aus der Zahl der übrigen Lehrer nenne ich nur die bedeutendsten, so F. W. Riemer, den vertrauten Sekretär und Freund Goethes, späteren Oberbibliothekar in Weimar, und den Professor der hellenischen Sprache an der Universität Jena, Ferdinand Gotthelf Hand,[14] welcher seit 1818 zwei Tage wöchentlich nach Weimar kam. Hand war ein ebenso gründlicher wie ästhetisch feinsinniger Philologe, der frühzeitig neben historischem Unterricht die beiden Prinzessinnen in die Anfangsgründe der Psychologie einzuführen versuchte, indem er die Natur der seelischen, das Handeln des Menschen bestimmenden Kräfte aufzuhellen bestrebt war. „Ich erklärte", sagt Hand selbst, „die Bestimmung des Willens für einen Zweck, welcher in den Ideen des Wahren und Schönen und Guten enthalten sein kann und soll, dabei hellte ich auf, was diese Ideen im Handeln des Menschen sind, was sie ausprägt; ich ging über zu dem Kampfe des Willens mit den Neigungen; alles dies soweit als es das Alter zu fassen nicht bloß vermag, sondern befugt ist. — Ich entwickelte die Natur der Geduld und machte auf die Stärke der Seele, mit der sie für eine Idee sich hingebe und leide, oder mit der sie das Notwendige ertrage, aufmerksam." Auch hielt er es für gefährlich die Phantasie des Kindes durch romantische Darstellungen, auch nur durch gute Märchen zu reizen; dieselbe müsse vielmehr durch die Lektüre guter lyrischer Gedichte und durch die epischen Gesänge der alten Dichter, wo nirgends Krankes vorkomme, genährt werden. Während eines einjährigen Aufenthaltes der Prinzessinnen in Petersburg 1824/25 ruhte der Unterricht ganz auf diesem Gelehrten. Hand hatte sorgfältige Aufzeichnungen über die Individualität und den Bildungsgang seiner Schülerinnen hinterlassen. Leider sind dieselben durch die Unachtsamkeit eines Mannes, dem sie die Familie anvertraute, verloren gegangen. Aus noch vorhandenen Briefen geht aber hervor, mit welcher Dankbarkeit die beiden Prinzessinnen an ihrem alten Lehrer hingen. So schreibt Prinzeß Marie am 4. Februar 1835: „Sie glauben nicht, welchen Wert ein jedes Zeichen Ihrer Anhänglichkeit und Güte für mich hat, und wie oft und sehr ich mich nach den herrlichen Stunden zurücksehne, in welchen ich den Vorzug Ihres Unterrichts und Gesprächs genoß." Ähnlich empfand Augusta, und wer das spätere klare und zielbewußte Handeln der Kaiserin erwägt, wird finden, daß die

Lehren des philosophierenden Hellenenfreundes auf keinen unfruchtbaren Boden gefallen sind. Dieselben waren vielmehr bestimmend für ihr Denken und Handeln, ähnlich, wie es in der folgenden Generation der Unterricht des großen Griechenkenners E. Curtius für den Sohn gewesen ist.

An dem Erziehungswerk nahm weiterhin Anteil Friedrich Jacob Soret,[15]) der Erzieher des jetzigen Großherzogs (seit 1822), der für Goethe namentlich durch seine Beherrschung des Französischen und durch gediegene naturwissenschaftliche Kenntnisse wertvoll war.

Der Religionsunterricht war dem trefflichen Konsistorialrat Horn anvertraut, wie Röhr ein Schüler der rationalistischen Herderschen Richtung, aber mehr wie jener durch die Milde seiner Persönlichkeit dazu geschaffen, sich an das Gefühlsleben seiner Schülerin zu wenden. Wir haben Briefe der Prinzessin an die Hornsche Familie[16]) noch aus Coblenz, wo ihr der gewaltige Bau der katholischen Kirche zuerst imponierend entgegentrat, welche von der wärmsten Dankbarkeit gegen den trefflichen Lehrer zeugen. Wie wir später sehen werden, hat die Kaiserin den freien und humanen Geist Herders, der ihren Jugendunterricht durchdrang, in ihrem Leben niemals verleugnet.

An der Spitze des kleinen Hofstaates der Prinzessinnen stand Frau von Hopfgarten. In einem Brief an Hand vom 12. Oktober 1837 gedenkt ihrer die Kaiserin mit hoher Anerkennung: „Ich kann nicht umhin, bevor ich diese Zeilen schließe, noch des tiefen Kummers zu gedenken, den mir der Verlust meiner teuren Freundin und Erzieherin verursacht hat. Wer Frau von Hopfgarten kannte, mußte in ihr das seltene Vorbild echt christlicher Tugenden, frommer Ergebung und Liebe erblicken, verbunden mit einer Herzensgüte, die so unendlich wohlthuend war! Ich fühle es tief, daß ihr Hingang in meinem Leben eine Leere gelassen hat, die nie ergänzt werden kann."

Für das leibliche Wohl der Prinzessin sorgte Frau verwitwete Professor Amalie Batsch aus Jena, eine ausgezeichnete Dame, der die Kaiserin, man könnte fast sagen, eine liebe Tochter gewesen ist. Wer ihre Briefe[17] an diese Frau von den ersten orthographischen Versuchen bis in späte Zeiten verfolgt, erkennt, welcher rührenden Liebenswürdigkeit, welcher Wärme und Dauer der Zuneigung die Prinzessin fähig war, wo sie sich ganz hingab, weil sie ganz vertraute. Ein gleiches Verhältnis verband sie mit Luise Seidler, die im Alter erblindet, in Weimar im Schutze des Großherzogs eine Zufluchtsstätte gefunden hatte. „Es ist ein schönes Bild", bemerkt der Biograph Luise Seidlers, „das sich hier der Betrachtung darbietet: die alternde, allmählich immer mehr vereinsamende Malerin, und die mächtige, im Glanze des Thrones strahlende Fürstin, eine der andern treu die Anhänglichkeit bewahrend, welche ihre Wurzeln schlug vor langen Jahren." Ja, die Bewahrung persönlicher, durch nichts zu erschütternder Treue gegen die Menschen ihres Vertrauens kann nach übereinstimmendem Urteil aller ihr Nahestehenden als ein hervorstechender, schöner Zug in dem Charakter unserer Kaiserin überhaupt bezeichnet werden.[18])

Sind wir somit schon auf eine Seite des Charakterbildes der jungen Prinzessin aufmerksam geworden, so sind wir weiter in der glücklichen Lage, dasselbe durch die Urteile hervorragender Zeitgenossen vervollständigen zu können.

Charlotte von Schiller[19]) hatte das Kind bei seiner Geburt gesehen. „Es liegt", schreibt sie, „so vornehm da und so vernünftig, daß man sich gar nicht wundern würde, wenn eine Krone mitgeboren würde." Schon aus dem zweiten Lebensjahre der Prinzessin berichtet sie weiter: „Die Prinzessin hat einen kräftigen Willen und ist so stark und fest; sie läßt nicht los, was sie anfaßt," was Frau Batsch bestätigt, indem sie sagt: „Prinzessin Augusta ist ein ebenso heftiges, wie energisches und starkes Kind." Im April 1814 äußert Frau von Schiller: „Schöner (als die Schwester) wird Prinzeß Auguste werden. Sie gleicht der Hoheit (ihrer Mutter) am meisten, und ihre Gestalt entwickelt sich recht schön. Prinzessin Marie ist eigentlich viel sanfter als die Schwester und läßt sich viel von ihr gefallen," und dann wieder: „Prinzeß Auguste ist wie ein Kind auf einem englischen Kupferstich, so frisch, kindlich und gutmütig."

In ihrem fünfzehnten Lebensjahr sah Wilhelm von Humboldt[20]) die Prinzessin. Er berichtet über sie an Freiherrn von Stein: „Die Schwester, die Prinzessin Auguste, soll schon in dieser frühen, kaum der Kindheit entgangenen Jugend noch einen festeren und selbständigeren Charakter haben. Ihr lebendiger und durchdringender Geist sprüht aus ihrem Blick, ihre Züge sind im höchsten Grad bedeutungsvoll, und ihre Gestalt wird sich in einigen Jahren gewiß noch schöner als sie jetzt schon erscheint, entwickeln."

Endlich das Urteil des großen Menschenkenners Goethe.[21]) Zelter hatte ihm am 5. Juli 1829 geschrieben: „Es war heute die Jahresfeier des Vereins für den Gartenbau hier im Hause begangen, und bei dieser Gelegenheit habe endlich zum erstenmal das Glück gehabt, unsere neuvermählte Prinzessin Wilhelm zu sehn und zu sprechen. Ihro K. Hoheit hat Deine Freundesgrüße mit aller Anmut und Natur wie eine Angelegenheit mir zugesprochen, wie ich wohl früher von wohlunterrichtet einkehrenden Zunftgenossen erlebt habe." In Goethes Erwiderung hierauf vom 18. Juli heißt es: „Und nun von dem Anmutigsten zuletzt! Es gereicht mir zur innigen Freude, daß Prinzessin Auguste Dir mit ihren Vorzügen so glücklich erschienen ist; sie verbindet frauenzimmerliche und prinzeßliche Eigenschaften auf eine so vollkommene Weise, daß man wirklich in Verwunderung gerät und ein gemischtes Gefühl von Hochachtung und Neigung in uns entsteht." Schon vorher hatte er sie als „wirklich so bedeutend als liebenswürdig" bezeichnet.

* * *

Augusta stand auf der Schwelle zwischen Kind und Jungfrau, als ihr zuerst in dem Glanze der Jugend die Heldengestalt des Mannes erschien, der ihr Geschick an das seine zu knüpfen berufen war. Prinz Wilhelm von Preußen war im November 1826 mit seinem jüngeren Bruder Carl nach Weimar gekommen, um demselben bei der Werbung um die ältere Schwester Augustas zur Seite zu stehen. Aber die Seele des Prinzen Wilhelm war nicht hochzeitlich gestimmt; denn noch blutete sein Herz an den Wunden, die ein schweres Opfer, der Verzicht auf die erste Jugendliebe ihm geschlagen.[22] Nach jahrelangem Schwanken hatte Friedrich Wilhelm III. den Vorstellungen des Hausministeriums und schließlich den aus Anlaß der Verlobung der Prinzeß Marie seitens des Weimarischen[23] Hofes erhobenen Einwendungen nachgegeben, die heißersehnte Verbindung des Prinzen Wilhelm mit der Prinzessin Elise Radziwill für nicht standesgemäß erklärt und den Sohn zum Verzicht aufgefordert. Fast zu Boden geschmettert, aber ohne Zaudern hatte dieser gehorcht. War er sich doch schon damals bewußt, daß das Herz eines Fürsten, welcher dereinst vielleicht über Millionen gebieten sollte, nicht allein und nicht zuerst ihm angehöre. So hat er es in seiner schlichten Weise, heimkehrend aus der Verbannung, im Hinblick auf das häßliche Wort „Nationaleigentum", das die Revolution an seine Thür schrieb, selbst einmal gesagt, indem er auf sein Herz zeigte: „Meine Herren, hier ist Nationaleigentum."

Ein schwermütiger Zug geht durch die Briefe des Prinzen Wilhelm aus dieser Zeit. So schreibt er am 21. Dezember 1826 an Natzmer:[24]) „In Weimar habe ich eine sehr angenehme Zeit passiert, — obgleich es Momente für mich gab, die höchst schmerzlich sein mußten, da ich ein Glück entstehen sah, wie ich es erst vor wenigen Monaten verloren hatte! — Der Befehl zu dieser Reise ist ein Beweis, daß mir das Leben nicht leicht gemacht wird."

Und doch war hier in Weimar bereits der Stern aufgegangen, der diese Nacht des Leidens allmählich erhellen sollte. Schon im Jahre 1827 konnte Herr von Gagern an Stein schreiben: „Prinz Wilhelm ist die edelste Gestalt, die man sehen kann, der Imposanteste von allen, dabei schlicht und ritterlich, munter und galant, doch immer mit Würde. Unsere Prinzessin Augusta schien ihn sehr anzuziehen. Die Berliner träumen schon von einer zweiten Verbindung." — Man kann sich kaum einen größeren inneren Gegensatz als den zwischen diesen beiden an körperlicher Schönheit und Anmut einander ebenbürtigen, dem Herzen unseres Kaisers teuren Frauengestalten denken: Elise Radziwill [25]) ganz Seele, ganz Empfindung, ganz Weib, ohne große Schulweisheit, aus unsagbar schwärmerischen Augen mit einem Blick von unendlicher Güte in die Welt schauend, früh von einem Schatten des unheilbaren Leidens überflogen, dem sie und ihre Geschwister bald erlagen, madonnenhaft in ihrem Erdenwallen. Daneben Augusta, die feingebildete Tochter Weimars voll warmen, ja leidenschaftlichen inneren Lebens, aber dasselbe frühzeitig beherrschend durch einen Geist von wunderbarer Kraft, Schärfe und Klarheit, — ein Stück von einer Iphigenie. —

Es scheint, daß man in Berlin die Vermählung des Prinzen Wilhelm mit der Prinzessin Augusta, von welcher man „für den sich immer mehr entwickelnden praktischen Ernst desselben eine ideale Ergänzung erhoffte", warm wünschte und förderte, während man in Weimar aus naheliegenden Gründen nicht eine ablehnende, aber abwartende Haltung einnahm. Es scheint weiter, daß hierdurch für die beiden Zunächstbeteiligten, namentlich als der Prinz im Oktober 1828 wiederum nach Weimar gekommen war, ein peinliches Verhältnis entstand, welchem die gegen den Ausgang dieses Monats zunächst in aller Stille erfolgende Verlobung des hohen Paares ein erfreuliches Ende machte. Augustas Wahl beruhte auf freier Neigung und inniger Verehrung der Vorzüge ihres zukünftigen Gemahls.[26])

Der König von Preußen äußerte bei der offiziellen Benachrichtigung von der stattgehabten Verlobung durch General von Egloffstein seine freudige Genugthuung, daß dies Ereignis „nun endlich" eingetreten sei.[27]

Bald war Pfingsten, das liebliche Fest, und damit die Vermählung des jungen Paares gekommen. Weimar rüstete sich zum Abschied von seiner in allen Schichten der Bevölkerung geliebten Prinzessin. Am 5. Juni 1829 stand die jugendschöne Braut noch einmal vor Goethe. „Mag es ihr wohlergehen in dem ungeheuer weiten und bewegten Element", war sein Segenswunsch.[28] Am 6. Juni langte Prinz Wilhelm, der vorher noch einen schweren Gang nach Antonin zu Radziwills[29] auf Wunsch der Weimarischen Verwandten gemacht hatte, zur Einholung der Braut in Weimar an. Am folgenden Tag, am Pfingstsonntag, setzte sich der festliche Hochzeitszug nach voraufgegangenem Gottesdienst, bei welchem Horn die Abschiedsrede hielt, auf der alten Landstraße über Eckartsberga nach der neuen Heimat in Bewegung.[30] Noch einmal mag auf der Höhe des Hornberges die Prinzessin tief gerührt den Blick auf die Heimat zu ihren Füßen gelenkt haben. Lag doch hinter ihr die goldene Jugend, wie selten einem Sterblichen umwoben von dem Zauber des Schönen, vor ihr in der trüben Ferne des regnerischen Tages das Rätsel der Zukunft. Vor ihr aber zog auch der junge Held, sie einzuführen aus der Welt des Gedankens in die Welt der Thaten. Durch die Lüfte aber trugen die Pfingstglocken den Abschiedsgruß Weimars, die göttliche Offenbarung, daß die Allbezwingerin Liebe nicht Halt macht an den Grenzen und Ländern, an den Ständen und Bekenntnissen der Menschen, wie es in der Sprache der Sterblichen am einfachsten und schönsten der große Freund der Scheidenden ausgesprochen hatte:

> „Edel sei der Mensch,
> Hülfreich und gut!
> Denn das allein
> Unterscheidet ihn
> Von allen Wesen,
> Die wir kennen."

Lebe wohl! Hoc signo vinces!

* * *

Wir übergehen die rauschenden Feste, welche vor und nach der Hochzeit das junge Paar in der Hauptstadt begrüßten, um demselben in die Stille der Häuslichkeit zu folgen, die ihre Stätte in Berlin im alten Tauenzienschen Palais, außerhalb im Marmorpalais oder im Neuen Palais zu Potsdam, später in dem neu erbauten Schloß Babelsberg fand. „Möge es mir gelingen", schreibt Prinz Wilhelm am 2. Januar 1830 an den Schwiegervater,[31]) „Auguste so glücklich zu machen, wie sie es verdient, wie Sie es erwarten, wie ich es gelobt habe."

In der That war es eine harmonische und glück=
liche Häuslichkeit, welche das junge Paar in diesen
Jahren umschloß. Der Prinz, welcher mit gewohn=
tem Eifer seinen vielfachen, namentlich militärischen
Beschäftigungen nachging, hatte eine hervorstechende
hausväterliche Anlage. Die Prinzeß versuchte die
ideale Welt ihrer Heimat in den neuen Verhältnissen
wieder aufzubauen. Der Umgang mit hervorragenden
Männern wie den beiden Humboldts, Böth, Gneisenau,
dem General Boyen und anderen bot ihrem lebhaften
Geist reichliche Nahrung. Den schönen Künsten, der
Musik und Malerei wurde eifrig nachgehangen. Überall
entzückte sie durch den Liebreiz ihrer Erscheinung, durch
die Sicherheit ihres Auftretens, durch die Art, wie sie
jedem etwas „Hübsches und Passendes zu sagen wußte".

Bald war das erste Pfand des Glückes und damit
die erste große Lebensaufgabe der Prinzessin in die
Wiege gelegt: am Tage der Völkerschlacht bei Leipzig
1831 wurde — in einer schweren Stunde — der Sieger
von Weißenburg und Wörth geboren.

Noch einmal klang die liebevolle Teilnahme Goethes
hinein in das Leben Augustas. Zum 28. August — es
sollte der letzte Geburtstag des Dichters sein — hatte
die Prinzessin aus dem Marmorpalais geschrieben:[32])
„Zu dem frohen Tage, der die treuesten Wünsche so
Unzähliger Ihnen darbringt, bester Herr Geheim=
rat, erlauben Sie auch mir, Ihnen aus der Ferne
das zu senden, was die bevorstehende Feier in

mir erweckt — nämlich das Gefühl des wärmsten Anteils für Ihr Wohl, welches ich Ihnen wenigstens schriftlich auszusprechen mir nicht versagen kann! — Möge der Himmel alle die innigen Wünsche, zu denen sich meine gesellen, in die schönste Erfüllung verwandeln und Ihnen durch jenen Festtag den frohen Übertritt in ein glückliches, ungetrübtes Jahr bereiten, in welchem mir vielleicht auch der hohe Genuß zu teil werden könnte, mich selbst von Ihrem Wohlergehn zu überzeugen und Ihnen mündlich d a s zu wiederholen, was diese Zeilen zu schildern nicht vermögen, da es die Bitte um ferneres Andenken gilt, verbunden mit dem Ausdruck wahrer Ergebung Ihrer Auguste."

Unter dem 9. November erwiderte der Dichter: „Ew. Königliche Hoheit haben, durch ein gnädigstes Handschreiben, den 28. August dergestalt verherrlicht, daß ich, davon wie geblendet, bis jetzt noch keine schickliche Äußerung meines verpflichteten Danks habe finden können.

Von Höchstdenenselben gelangten fort und fort die schönsten Hoffnungen zu uns, zwar nicht ohne durch einige Sorge gedämpft zu sein. So erlebten wir den 18. Oktober und da wir am Abend die Feuer auf unseren Bergen erblickten und das Gepraßel der Feuerwerke, begleitet von kräftigen Explosionen, vernahmen, so war mein innigster Wunsch: es möchten dies entschiedene Ankündigungen sein, daß uns ein neues Glück in der Ferne bereitet worden.

Am andern Morgen begab man sich nach Belvedere, wo der landwirtschaftliche Verein die besten Zeugnisse von dem Fortgang einer von oben so sehr begünstigten Feld- und Gartenkultur reihenweise aufgestellt hatte, wo sich von Feld- und Garten-Erzeugnissen, von hohen und niederen Gewächsen, von Obstfrüchten, wie sie die freie Luft begünstigt, von Wurzeln und Knollengewächsen, wie der zugerichtete Boden sie gedeihen läßt, die größte Fülle vorfand, so wie von so manchem anderen, welches zu artikulieren man mehr Zeit brauchte, als um es zu übersehen und zu beachten.

So fehlte es auch nicht an Modellen zu Hilfswerkzeugen, welche die Kunst, um die Natur zu fördern, immerfort auszusinnen beschäftigt ist.

In solchen Augenblicken, wo wir mit Bewunderung die Fülle der vegetativen Natur betrachteten, traf eine Nachricht ein, die uns ganz an das höchste Ziel menschlicher Glückseligkeiten versetzte, die Genesung Ew. Königlichen Hoheit, und zugleich die frische Belebung des auf alten ehrwürdigen Grundwurzeln immer neu sich verzweigenden Stammes. Wie jenes Zusammentreffen der Epochen und der Ereignisse, der gleichsam zufälligen Vorbedeutungen und Übereinstimmung des Erfolgs uns angeregt, gerührt und erhoben hat, kann ich nur Höchstderoselben eigenen Empfindung anheim geben, und nur sagen, daß ich mich glücklich finde, in so bedeutenden Augenblicken meinen schuldigen Dank für das gnädigste Andenken, dem ich mich zu allen Zeiten ernstlich empfehle, verbindlichst abzustatten, in treuer Mitempfindung des frohen Behagens, das, wie es im gleichen Fall den Geringsten entzückt, nun auch auf den höchsten Stufen menschlicher Zustände waltet."

Aber noch größer als das „Behagen" über den Erstgeborenen war für die Prinzessin das Gefühl der Verantwortung, den jungen Prinzen, der, wie sich bei der Kinderlosigkeit des Kronprinzen immer deutlicher herausstellte, dereinst Preußens Krone tragen sollte, würdig für den Dienst des Vaterlandes zu erziehen. Was die Prinzessin auf diesem Gebiet im einzelnen gethan hat, mit welcher Sorgfalt und welche Lehrer sie auswählte, wie sie den Lehrstunden, wenn möglich, selbst beiwohnte, wie sie den Unterricht überhaupt in den Mittelpunkt des Hauswesens stellte, mit welch' mütterlicher Liebe und Fürsorge sie sich des jungen Lernkameraden des Prinzen, R. von Zastrow,[33] annahm u. s. w., soll hier nicht erörtert werden. Es kommt vielmehr für uns darauf an, die allgemeinen, für die Weltanschauung und den Charakter der Prinzessin bezeichnenden Grundanschauungen, von denen sie sich in der Erfüllung ihrer Mutterpflicht leiten ließ, hier festzustellen. In dieser Beziehung sind wir nun in einer sehr glücklichen Lage durch die kürzlich merkwürdig unbeachtet gebliebene Veröffentlichung[34] eines Schreibens der

Prinzessin von Preußen an den Major von Roon, den späteren Kriegsminister, vom 22. Oktober 1848. Es hatte den Zweck, diesen als Erzieher des Prinzen Friedrich Carl bewährten Militär zur Übernahme des Gouverneurpostens bei dem Prinzen Friedrich Wilhelm zu bestimmen und ist für unsere Aufgabe so wichtig, daß ich mir nicht versagen kann, einige Punkte aus demselben hervorzuheben:

„Gestatten Sie einer Mutter sich mit vollem Vertrauen an ihr eigenes Vaterherz zu wenden. Es betrifft das Kostbarste, Teuerste, was sie hienieden besitzt, ihren einzigen Sohn!

Wenn ich mich nun offen und unumwunden gegen Sie ausspreche, so geschieht es teils mit der innigen Bewegung, welche der überaus ernste Gegenstand in mir erregt, teils mit besonderer Bezugnahme auf unsere jetzige Lage. Ich habe meinen Sohn stets als ein Gut betrachtet, welches mir Gott anvertraute, und von welchem Er mir Rechenschaft abfordert. Daher hat auch das Erziehungswerk meine ganze Kraft in Anspruch genommen; ich habe mich ihm ausschließlich gewidmet, es hat zu meiner eigenen Entwickelung wesentlich beigetragen und mir neben der unvermeidlichen Sorge viel Trost und Freude gewährt. Da Sie meinen Sohn selbst kennen und General von Unruh (der bisherige Gouverneur) Ihnen den jetzigen Standpunkt seiner Ausbildung schildern wird, beschränke ich mich auf die Versicherung, daß hin=

sichtlich der Reinheit des Herzens, der Wahrhaftigkeit und Frömmigkeit, sein vor allem Egoismus geschütztes Gemüt, mir nichts zu wünschen übrig läßt. Charakterstärke und Geistesfähigkeit, namentlich Schärfe und Logik der Gedanken, stehen nicht auf gleicher Höhe, und bedürfen einer fortwährenden Anregung; aber während das Gemüt durch die beste Erziehung nicht geschaffen werden kann, wenn es nicht angeboren ist, kann der Charakter gestärkt und die geistige Fähigkeit entwickelt werden — und diese Aufgaben zu lösen ist Ihr klarer Blick und fester Wille geeignet. Es gilt einen tüchtigen Mann heranzubilden, der unter allen Umständen seiner Pflicht gewachsen sein, und der sich im Leben stets Ansprüche auf Achtung und Vertrauen erwerben muß, wie auch Gottes Wille über die Zukunft und seine persönliche Stellung verfügen möge. Als Mensch zeige er sich nur durch Pflichttreue und Ehrenhaftigkeit bevorzugt; als Fürst beweise er durch die That, daß eigenes Verdienst das Recht der Geburt zu unterstützen berufen ist."

Verweilen wir hier einen Augenblick, so bedürfen diese goldenen Worte keiner Erläuterung; doch springt die Übereinstimmung in die Augen, welche diese kurzgefaßte Beurteilung der Persönlichkeit des Sohnes mit der Charakteristik aufweist, welche der erste deutsche lebende Schriftsteller, Gustav Freytag,[35]) vor nicht langer Zeit aus reicher persönlicher Erfahrung von eben diesem Sohn, dem späteren Kaiser Friedrich, gegeben hat. Ist in dieser Licht und Schatten richtig verteilt, so wird man nicht minder die Schärfe des Blickes der Mutter, mit welcher diese, durch ihre Zärtlichkeit unbeirrt, ebenso die glänzenden wie die weniger glänzenden Eigenschaften des Sohnes durchschaute, als die Gewissenhaftigkeit bewundern, mit welcher sie die letzteren zu bekämpfen suchte.

Der zweite Teil des Briefes beschäftigt sich mit der politischen Erziehung des Prinzen und bedarf einiger kurzen Vorbemerkungen, welche die politische Gesinnung der Fürstin überhaupt betreffen.

Augusta war die Enkelin Carl Augusts, des Fürsten, welcher zuerst sein Versprechen erfüllt und dem Lande eine Verfassung gegeben hatte. Dachte die Prinzessin somit, gewissermaßen von Haus aus, freimütiger über das Verhältnis von Fürst und Volk, als dies damals an den deutschen Fürstenhöfen in der Regel üblich war — es brachte ihr einmal von seiten des Königs Ernst August von Hannover die Bezeichnung der „kleinen Jakobinerin" ein [36] —, so wurde diese Anschauung durch wiederholten Aufenthalt in England wie im Jahre 1846 und 1851 (zur Weltausstellung) [37] genährt und befestigt.

Der Gedanke an Deutschlands Einheit, Freiheit und Herrlichkeit erfüllte die ganze Seele Augustas mit glühender, der ruhigen Betrachtungsweise des gleichgesinnten Gemahls zuweilen gefährlich scheinenden Leidenschaft. Was sie auch Schweres in den verhängnisvollen Märztagen des Jahres 1848, an der Seite ihres Gemahls und von derselben gerissen, erlitten hatte, sie verzweifelte nicht an der Zukunft des Vaterlandes.

Einen Einblick in die damalige Stimmung der Kaiserin mögen uns zwei Briefe derselben aus dieser Zeit gewähren. Der erste ist an ihren alten Lehrer Hand gerichtet,[36]) datiert Babelsberg, den 10. Juni 1848: „Ich sehne mich schon längst nach der Möglichkeit, Ihnen meinen herzlichen Dank für die Teilnahme auszusprechen, welche Sie mir bewiesen haben, und die ich um so mehr erkannte, als unser Gespräch im vergangenen Herbst allerdings auf die seitdem eingetretenen Stürme hindeutete. So hat mich denn die neue Zeit nicht unvorbereitet gefunden und bis jetzt auch nicht des Mutes und der Kraft beraubt, aber tief erschüttert hat mich ihr gewaltsames Auftreten da, wo eine weise Vermittlung möglich gewesen wäre, und so nun schwere Opfer gebracht werden mußten.

Hoffen wir das deutsche Vaterland geläutert aus dieser Zeit hervorgehen zu sehn, und deutschen Sinn bewährt zu finden, von einer Zunge zur anderen; denn nur durch Wahrheit, Eintracht und Gesetzlichkeit gedeiht das Wohl der Völker."

Der zweite richtet sich an eine hochgestellte Persönlichkeit, die damals zu den Getreusten der Prinzessin von Preußen gehörte. Er ist vom 6. März 1849 und lautet: [39])

„Ich danke Ihnen bestens für Ihren Brief, dessen Inhalt mit meiner eignen Ansicht übereinstimmend ist. Umstände allein können helfen; denn Erfahrung und Einsicht scheinen ihre Kunst in unseren Tagen versagen zu wollen, was nicht ohne Betrübnis wahrgenommen werden kann. Seit Ihrer Abreise hat sich nichts gebessert, im Gegenteil verschlimmert; hier durch den Rücktritt des Grafen Bülow; in Frankfurt durch die zunehmende Zersplitterung infolge der Austro-Bairischen Intriguen, welche die Hilfe der Linken nicht verschmähen. Der Partikularismus verschließt sein Auge gegen die drohende Gefahr der Märzzeit, und das Medium tenuere beati scheint den Parteien völlig unbekannt. Wäre nicht mein Hoffen auf Gott gerichtet, glaubte ich nicht an die welthistorische Aufgabe Deutschlands, das sich trotz aller Thorheiten doch um den einzigen festen Mittelpunkt scharen muß, wüßte ich nicht, daß die Hilfe oft da am nächsten, wo die Gefahr am größten ist, — ich könnte wahrlich verzagen, aber das will ich nicht, und darum blicke ich getrost in die Zukunft und bleibe der guten Sache getreu.

Von Ihrem Standpunkte aus können Sie noch viel Gutes stiften und die Wahrheit sagen da, wo es not thut, sie zu kennen; aber es wäre jetzt an der

Zeit zu handeln, die des Hörens ist bereits um und ich befürchte wieder ein „zu spät".

Über die Kammern läßt sich noch nichts sagen, die erste scheint sehr gemäßigt, die zweite aus zu heterogenen Elementen zusammengestellt, als daß sich eine feste Majorität bilden könnte; daher droht zunächst von da innere und von den Proletariern äußere Gefahr. Die Frankfurter sind über die hiesige parlamentarische Unkunde und Roheit erstaunt, und doch galt die Paulskirche nicht als Vorbild. —

Gewitterschwüle lastet auf Europa, und brächte das drohende Gewölk nur den Regen, er könnte den Boden befruchten, aber ich fürchte den Sturm und achte auf seine Vorzeichen, so lange es mir vergönnt ist, andere zu warnen."

Im Frühjahr 1849 hatte Friedrich Wilhelm IV. die ihm vom Frankfurter Parlament angebotene Kaiserkrone von „Volkes Gnaden" abgelehnt. Tief niedergeschlagen, verbrachte die Frankfurter Deputation diese Tage in Berlin. Nur ein Lichtpunkt zeigte sich in denselben: der Empfang am 3. April abends bei dem Prinzen von Preußen. Über denselben haben wir den Bericht eines Mitgliedes jener Deputation, Karl Biedermanns:[10] „Am Abend des 3. April waren wir zum Prinzen von Preußen geladen. Wir kamen dahin noch voll der schmerzlichen Eindrücke des Morgens. Der Prinz, ein gerader, straffer, militärischer Charakter, empfing uns, durchdrungen, wie man sah, von der hohen Bedeutung dieses Tages. In ernstem, tiefeingehenden Gespräch suchte er uns zu überzeugen, daß der Eindruck, den wir aus der Antwort des Königs und der Aufnahme unserer Sendung bei ihm geschöpft hatten, der Eindruck, als wolle man mit der Nationalversammlung brechen, sie wenigstens bei Seite schieben und seinen Weg ohne sie gehen, nicht der richtige, nicht der beabsichtigte sei, daß man den Wert und die Bedeutung des Anerbietens der Gesamtvertretung Deutschlands vollkommen anerkenne und nur aus Rücksichten der Pflicht wie der Politik den entscheidenden Schritt nicht ohne die freie Zustimmung der andern Fürsten thun könne. Die Prinzessin, eine Frau, bei welcher Geist und Gemüt um den Vorrang streiten, vielleicht der klarste politische Kopf und das wärmste patriotische Herz am Hofe zu Berlin, bat, beschwor uns fast, mit tiefer Bewegung in ihrer Stimme und in ihren Mienen, an dem glücklichen Ausgang unserer Sendung nicht zu verzweifeln, das Werk der Verständigung nicht vorschnell abzubrechen. Es werde, es müsse alles noch gut enden; das Ziel sei ja ein so herrliches, ein so notwendiges." Wenige Tage später, (am 8. April) berichtet Prinz Wilhelm dem Schwiegervater von der „gewaltigen Agitation", in der sich Augusta befinde. Der Moment sei gewiß sehr kritisch; umso leidenschaftsloser müsse er betrachtet werden.[41]) Aber auch der bekannte Diplomat Freiherr von Stockmar⁴²) urteilt aus dieser Zeit: „Die Prinzessin von Preußen ist tüchtig, klar, entschieden, ergeben und begreift wohl von allen das Außerordentliche und Eigentümliche unserer Zeit am besten." Ebenso nennt der Herzog Ernst von Koburg⁴³) in Hinblick auf diese Epoche die Prinzessin „von wärmstem Patriotismus und den richtigsten politischen Überzeugungen immer erfüllt".

Die Durchführung der preußischen Unionsbestrebungen dachte sie sich durch einen engen Anschluß an England als Gegengewicht gegen die Macht Rußlands und Oesterreichs zu ermöglichen. In bangem Schwanken zwischen Fürchten und Hoffen folgt sie den Erfurter Verhandlungen. „Wenn England Preußen unterstützt", schreibt sie am 15. März 1850, „dann ist das arme Deutschland zu retten, wenn nicht, dann bedenken Sie die inneren und äußeren Feinde! In Erfurt wird sich wohl ein entscheidender Moment entweder kurz vor Ostern oder gleich nachher darbieten. Radowitz hat sich hier trefflich ausgesprochen, aber wir werden verfolgt von der Partei, die jetzt schlimmer ist als die Demokratie....

Ich möchte mein Ohr auf immer der Politik verschließen, ich bin müde und innerlich mürbe, aber Gottes Hand waltet, und die muß man walten sehn, sonst lebt nur der Körper und die Seele schläft. Er wird uns nicht verlassen in der Not."

Eine damals erscheinende Broschüre von Adolf Schmidt, Preußens Deutsche Politik. Die Drei=

fürstenbünde (1785, 1806, 1849) findet ihre Billigung und wird von ihr warm empfohlen.

Hoffnungsvoller schreibt sie noch am 13. Oktober dieses Jahres: „Zwei Dinge thun uns not: der feste Wille, ehrlich konstitutionell zu sein — und die Fähigkeit, einen von Rußland und Oesterreich unabhängigen Weg fest, beharrlich und offenkundig zu verfolgen. Dann werden wir mit dem wiedergewonnenen Vertrauen das momentan abwartende Unionswerk zu Preußens Ehre und Deutschlands Heil durchführen und der Zukunft ein großes nationales Werk hinterlassen."

Bald aber entflammt sie die Schmach von Olmütz zu hellem Zorn: „Am 19. März 1848",**) schreibt sie an Bunsen, dem sie am 5. November 1850 die erste Nachricht von dem Vorgefallenen giebt, „wurde das alte, am 3. November 1850 das neue Preußen begraben. Der Prinz von Preußen hat ritterlich für sein Vaterland gekämpft. Doch vergebens! Nun, da es zu spät ist, mag auch England erwägen, was es dabei gewonnen hat, daß es Rußlands und Österreichs Übergewicht heranwachsen ließ bis an die belgisch-holländische Grenze."

Auch die Verlobung ihres Sohnes mit der Prinzessin Victoria betrachtete sie wesentlich von diesem Standpunkt. Auf die Möglichkeit einer solchen hatte der preußische Gesandte in London Bunsen die Aufmerksamkeit der Prinzessin von Preußen schon bei

Gelegenheit ihres ersten Besuches in England im
Jahre 1846⁴⁵) gelenkt, indem er einen Kupferstich,
welcher die Begegnung Blüchers und Wellingtons
darstellte und die Unterschrift La belle alliance trug,
abseits legte und die Bildnisse des Prinzen Friedrich
Wilhelm und der Prinzeß Victoria scheinbar unab=
sichtlich darüber ausbreitete, so daß jene Unterschrift
sichtbar blieb. Seitdem ist diese für Deutschland so
bedeutungsvoll gewordene Heirat ein von Bunsen
warm geförderter Lieblingsgedanke der Prinzessin ge=
wesen, nach dessen Verwirklichung sie am 12. April
1856 hocherfreut an Herzog Ernst von Koburg⁴⁶)
schreibt: „Es ist nicht nur der Form zu genügen,
sondern um einem wahren Zug des Herzens Folge
zu leisten, daß ich Dir in diesen Zeilen meine Freude
über die nunmehr nicht länger zu verschweigende Be=
stätigung unserer teuersten Hoffnungen ausspreche.
Gott segne diese Verbindung für die geliebten Kinder,
für unsere Familie und für das arme deutsche Vater=
land, das sich naturgemäß nur im Bunde mit Eng=
land aus seiner jetzigen Lage erheben kann."
Als im Jahre 1859 das Eingreifen Preußens in
den italienischen Krieg in Frage war, verfaßte sie
eine ausführliche Denkschrift an den englischen Hof,
um diesen für die Bundesgenossenschaft Englands mit
Preußen zu gewinnen. „Sie enthielt", nach der Schil=
derung des Herzogs Ernst,⁴⁷) „einen warmen Appell
an die Gefühle historisch begründeter Gemeinsamkeit

der Interessen zwischen Preußen und England in Hinsicht auf die Stellung zu Frankreich, verfiel jedoch etwas zu sehr in den Fehler, jetzt schon weitgehende Eventualitäten in Betracht zu ziehen. Sie faßte die „Erschütterung der jetzigen Dynastie in Frankreich" und „die Basis, durch welche die Traktate überhaupt neu befestigt werden könnten", so bestimmt ins Auge, daß es schwer möglich war, die Denkschrift zum Gegenstand von Erörterungen zu machen."

Es wäre überaus interessant, wenn es möglich wäre, die weitere Entwickelung der politischen Anschauungen der Prinzessin, namentlich, nachdem Fürst Bismarck an das Staatsruder getreten war, zu verfolgen. Doch ist alles, was bisher hierüber gesagt worden ist, so wenig zuverlässig und gehört teilweis sichtlich so in das Bereich der fable convenue, die das Bild der ersten deutschen Kaiserin oft nur zu sehr entstellt hat, daß wir besser hier abbrechen und zu unserem Ausgangspunkt, dem Schreiben der Prinzessin an den Herrn von Roon, zurückkehren, dessen politischer Teil nun um so verständlicher sein wird.

„Ich rechne Sie", sagt die Prinzessin, „zu den Freunden der gesetzlichen Freiheit, der ich stets meine vollste Überzeugung widmete. Sie werden sich bewußt sein, mit klarem Blick Irrtum und Willkür durchschaut und dem Princip das Wort geredet zu haben, das durch zeitgemäße Reformen den Revolutionen vorzubeugen sucht. Um so mehr müssen Sie ergriffen sein von dem Unglück, das auf unserm geliebten Preußen, auf unserm ganzen deutschen Vaterland lastet und die Fehler beklagen, die vor und nach dem 18. März begangen worden sind.

Je empfänglicher mich die allgemeinen und speciellen Bekümmernisse dieser letzten acht Monate für die Stimmung gemacht haben, in der sich jetzt viele Patrioten befinden, um desto dringender flehe ich zu Gott um die Gabe der Kraft und der Milde. Beide Eigenschaften sind jetzt unentbehrlich, insbesondere aber letztere, denn die Ermangelung derselben führt zur Schroffheit und Erbitterung, und schadet unberechenbar. Indem ich mit Zuversicht voraussetze, daß Sie diese Ansicht teilen, wende ich dieselbe direkt auf das Verhältnis zu meinem Sohne an. Er gehört der Gegenwart und der Zukunft; er muß daher die neuen Ideen in sich aufnehmen und daselbst verarbeiten, damit er das klare und lebendige Bewußtsein seiner Zeit gewinne, und nicht außerhalb derselben, sondern in und mit ihr lebe. Dies ist allerdings in unserm Verhältnis eine besonders schwierige Aufgabe, aber sie ist unerläßlich und Gott wird uns seine Hülfe nicht versagen. Viele treue Mitarbeiter an dem Erziehungswerk haben bereits dazu einen guten Grund gelegt; insbesondere kann ich Ihnen nicht genug den Erzieher meines Sohnes, den Professor Dr. Curtius empfehlen, einen trefflichen Mann, der als sein wahrer Freund das ihm anvertraute

Amt über die gewohnte Dauer fortführen wird, weil er unser volles Vertrauen und richtige vermittelnde Gaben besitzt. Ich bitte Sie mit demselben ein gemütliches Verhältnis anzuknüpfen, weil wir die einfache und gemütliche Richtung dieses Erziehungswerkes beibehalten wollen, und dazu ein völliges Einverständnis und ein freundliches Vernehmen unter den zunächst Beteiligten unentbehrlich ist. Er selbst wird sich auf meine Veranlassung darüber schriftlich gegen Sie aussprechen. Aus unseren früheren Gesprächen entnehme ich mit wahrer Befriedigung, daß Sie die Notwendigkeit erkennen, jeglichem Vorurteil, jeglicher Einseitigkeit oder Nebenrücksicht entschieden entgegen zu treten, wo es gilt sich von den Antecedenzien der älteren Generation abzuwenden, um dem jetzigen Erziehungswesen ein zeitgemäßes Resultat zu sichern."

Sodann sucht die Prinzessin eine Reihe von in den persönlichen Verhältnissen Roons liegender Bedenken zu zerstreuen und schließt dann in ebenso stilistisch vollendeter wie inhaltlich schöner Art:

„Bedenken Sie dies alles, bedenken Sie die Schwierigkeit unserer Lage, bedenken Sie, daß Gott Ihnen einen edlen Sprößling Ihres alten Regentenhauses anvertrauen will, und daß es namentlich für die Mutter, falls sie den Schluß ihres Erziehungswerkes nicht erleben sollte, ein wahrer Trost sein würde, es sicheren Händen zu hinterlassen; bedenken Sie das lohnende Bewußtsein hienieden und jenseits!

Ich wünschte nur in dieser ernsten Aufforderung eine Beredtsamkeit, die ich freilich entbehre und auf welche ich auch sonst verzichten würde, wenn es nicht das Wichtigste, die Zukunft meines Sohnes beträfe; in solchem Falle scheint mir der Eifer heilige Pflicht!

Fasse ich das Ganze noch einmal zusammen, so richte ich meine Bitte weniger an Ihren Verstand als an Ihr Herz; — wenn es wahr ist, daß "alle guten und großen Gedanken aus dem Herzen kommen", so möge das Ihrige entscheiden, und wenn es unserer Wahl Folge leistet, Ihre ganze künftige Wirksamkeit leiten! Dann wird Gottes Segen auf Ihrem Amte ruhn!"

Indessen lehnte Herr von Roon, nicht am wenigsten mit Rücksicht auf seinen politischen Standpunkt, weil er bei seiner sogenannten "reaktionären Gesinnung" kaum imstande sein werde, dem jungen Prinzen "die neuen Ideen unserer Tage anzupreisen", den Antrag der Prinzessin ab. Die Prinzessin entgegnete, daß sie den von Roon geltend gemachten Gründen Triftigkeit nicht absprechen könne, und daß sie nur ihn bitte, seine freundschaftliche Gesinnung auch fernerhin ihrem Sohne zu bewahren. Es war wohl ein Irrtum Roons, daß er später meinte, die Prinzessin trage ihm die ihr gegebene Absage nach.

Zum Gouverneur des Prinzen Friedrich Wilhelm wurde ein Freund Roons, der Oberstlieutenant Fischer, ernannt.

Im folgenden Jahre siedelte der Prinz auf die Universität Bonn über. Bald folgten in dessen Nähe, „ihrem lieben Bonner Studenten", die hohen Eltern.

Im Frühling des Jahres 1850 hielt der schon früher zum Generalgouverneur Rheinlands und Westfalens ernannte Prinz Wilhelm mit seiner Gemahlin in Coblenz seinen Einzug, das nun länger als sieben Jahre die Residenz des fürstlichen Paares sein sollte.⁴⁸)

* * *

Friedrich Wilhelm IV. war gestorben.

Am 18. Oktober 1861 setzte in der alten Krönungs= stadt König Wilhelm erst sich, dann der Königin die Krone aufs Haupt.⁴⁹) Der Traum Charlotte von Schillers war in Erfüllung gegangen.

Es nahte die Zeit der Verwirklichung alles dessen, was Preußen seit den Tagen des großen Kurfürsten erstrebt hatte. In einem Siegeslauf, wie ihn die Weltgeschichte nicht zum zweitenmal gesehen, ward die alte Nordmark dem Deutschtum zurückerobert, ward auf dem Schlachtfelde von Königgrätz die Führung Deutschlands an Preußen durch Preußens eigene Kraft gewonnen, ward um den Mauern Sedans der alte Erbfeind deutscher Einheit und Freiheit zu Boden ge= worfen, ward endlich in dem alten Königsschloß von Versailles König Wilhelm deutscher Kaiser. Ja, „welch eine Wendung durch Gottes Führung!"

Aber der Geschichtsschreiber, der die Errungen=

schaften dieses thatenfrohen Zeitalters, dieses Zeit=
alters des „Blut und Eisens" mit goldenen Lettern
in seine Bücher eintragen wird, er wird auch nach
den Tausenden und Abertausenden von Opfern fragen,
die mit dem Blute ihres Herzens die Erfüllung der
kühnsten Träume ihrer Väter erkaufen mußten. Er
wird davon erzählen, wie einst von der Alpe bis zum
Strand kein Palast, keine Hütte war, die nicht
wiedergehallt hätte von Wehrufen um den verlorenen
oder verstümmelten Gatten, Vater, Bruder, Freund, und
er wird an dieses Zeitalter des „praktischen Christen=
tums" die Frage richten: „Was habt Ihr gethan, um
die Wunden zu heilen, die das Schwert schlug? Was,
um die Thränen der Wittwen und Waisen zu trocknen?"
Es ist unter den ersten Kaiserin Augustas Ver=
dienst, daß wir ohne Erröten vor der Be=
antwortung dieser Frage bestehen können.

Nicht als ob es in früheren Epochen an der Milde
des Herzens und an der Freigebigkeit der Hand ge=
fehlt hätte, die Leiden des Krieges zu verringern.
Die Zeit der Befreiungskriege zeigt auch hier das
höchste, was eine um ihr Dasein zu kämpfen ent=
schlossene Nation leisten kann:

> Frau'n Preußens, nehmt für Eure Opfergaben
> Das Opfer an des Liebs, das ich Euch bringe.
> Ihr, die Ihr gabt vom Finger Eure Ringe,
> So wie Ihr gabt vom Busen Eure Knaben
> Dem Vaterland."

Es soll ihnen unvergessen sein! Auch internationale Verträge zum Schutz der Verwundeten und ihrer Helfer waren, in früheren Jahrhunderten mehr als in der ersten Hälfte dieses Jahrhunderts, vorhanden.³⁰) Aber dieselben waren doch nur von Fall zu Fall geschlossen worden, und der Bekräftigung des Wohlthätigkeitssinnes hatte es immer an einer Organisation in großem Stil und vor allem an jeder vorbereitenden Friedensthätigkeit gefehlt. — Den Freiheitskriegen folgte die heilige Allianz, unter deren Fittigen man wohl von einem ewigen Völkerfrieden, aber nicht von Schlachten und ihren Schrecken träumte. Und doch begann die im Stillen fortschreitende Verbesserung der Waffen, die gezogenen Geschütze, die Hinterlader, ferner die Erfindung der Eisenbahnen, des Telegraphen ganz neue Bedingungen des „männermordenden" Krieges vorzubereiten.

Zuerst lenkte der Krimkrieg wieder die Augen auf einen größeren Kriegsschauplatz. Wohl las man mit Entsetzen, welche Verheerungen die Cholera, schrecklicher als jeder Feind, in den Reihen der Kämpfenden anrichtete, wohl vernahm man mit Rührung, wie durch die Lazarette der Engländer Miß Florence Nightingale heilend und tröstend wandelte, was die Großfürstin Helene³¹) für ihre unglücklichen Landsleute that. Aber das Kriegstheater war fern. Man sah, man bewunderte, aber man handelte nicht.

Da richtete sich plötzlich die Aufmerksamkeit auf

neue, nähere Schlachtfelder, nach Italien. Vor 31 Jahren, am 24. Juni, wurde die Schlacht bei Solferino geschlagen. Kurz darauf erschien ein Büchlein, von einem Schweizer, Henri Dunant. Es führte den harmlosen Titel „Souvenir de Solferino".⁵²) Aber wer es aufschlug, den faßte der „Menschheit ganzer Jammer" an. In grellen Farben war hier von einem Augenzeugen der fürchterliche Widerspruch zwischen den Schrecken einer modernen Kriegsführung und der Unzulänglichkeit der Fürsorge für die Verwundeten und Kranken geschildert. Es war klar, daß in jenen Tagen ungezählte wackere Soldaten, die dem Leben und dem Vaterland erhalten bleiben konnten, elend verkommen waren, weil den verschmachtenden Lippen ein Trunk Wasser und dem entströmenden Blut der erste Verband gefehlt hatten. Das Büchlein wurde in alle Sprachen unseres Erdteils übersetzt. Ein Schrei des Entsetzens schallte durch ganz Europa.

Aber der edle Schweizer wollte mehr als erschüttern; denn in seiner Schrift sind auch bereits die uns heute so selbstverständlich erscheinenden Grundgedanken aller freiwilligen Krankenpflege enthalten. Da dieses bahnbrechende Schriftchen heute ebenso viel genannt als wenig bekannt ist, so mögen die Hauptsätze desselben hier im Auszuge folgen:

„Aber warum", sagt Dunant, „so viele schmerzliche und trostlose Auftritte schildern und vielleicht so manche peinliche Gefühle in andern wecken?

Auf diese ganz natürliche Frage sei es uns erlaubt, mit einer anderen Frage zu antworten: Wäre es nicht möglich, freiwillige Hilfsgesellschaften zu gründen, deren Zweck wäre, die Verwundeten in Kriegszeiten zu pflegen oder pflegen zu lassen?

Wenn man doch einmal auf die Verwirklichung der Wünsche und Hoffnungen der Mitglieder der Gesellschaft der Friedensfreunde oder auf die Träume des Abbé von Saint Pierre und die Eingebungen eines Grafen von Sellon verzichten muß — weshalb sollte man da nicht eine Zeit augenblicklicher Ruhe und Friedensstille benutzen, um eine Frage von so hoher Wichtigkeit vom doppelten Gesichtspunkt der Menschlichkeit und des Christentums aus zu lösen?

Gesellschaften dieser Art würden, einmal gebildet und bleibend eingesetzt, in Friedenszeiten natürlich nur eine beschränkte Thätigkeit zu üben haben (sie könnten übrigens selbst bei ansteckenden Krankheiten oder bei Unglücksfällen, wie Überschwemmungen und Feuersbrünsten große Dienste leisten), allein sie wären dann für den Fall eines Krieges vollständig eingerichtet; sie sollten auf alle Fälle in den Ländern, in denen sie entstanden sind, auf das Wohlwollen der Landesbehörden zählen können und bei Kriegsfällen von den kriegführenden Mächten Vollmachten und den Vorschub finden, die nötig sind, um ihr edles Werk einem erwünschten Ziel entgegenzuführen. Die Gesellschaften sollten deshalb in ihrem Schoße, und in jedem Lande als Mitglieder des leitenden oberen Ausschusses, Männer in sich schließen, welche in allgemeiner Achtung stehen. Die Ausschüsse hätten dann einen Aufruf ergehen zu lassen an alle diejenigen, welche, von den Gefühlen wahrer Menschenfreundlichkeit durchdrungen, augenblicklich bereit wären, sich dieser Aufgabe zu widmen, und diese Aufgabe würde darin bestehen: in Übereinstimmung mit den Kriegsverwaltungen, d. h. mit ihrer Unterstützung, und im Notfalle unter ihrer Leitung, den Verwundeten die nötige Hilfe und Pflege auf dem Schlachtfelde, selbst während des Gefechtes, angedeihen zu lassen; sodann aber auch diese Pflege bis zu ihrer vollständigen Wiederherstellung in den Spitälern fortzusetzen.

Bei außerordentlichen Gelegenheiten, wie jene, welche in Köln und Chalons Kriegsfürsten von verschiedenen Völkern zusammenführten, wäre es da nicht wünschenswert, daß sie einen solchen Zusammentritt benutzten, um irgend einen internationalen, vertragsmäßigen und geheiligten Grundsatz festzustellen, der, einmal angenommen und bestätigt, als Grundlage zur Bildung von Hilfsgesellschaften für Verwundete in den verschiedenen Ländern Europas dienen müßte? Die Menschlichkeit und die Bildung verlangen gebieterisch ein Werk, wie es hier angedeutet ist."

Der Ausführung dieser Ideen widmete Dunant hinfort seine Arbeit und sein Vermögen. Die Folge seiner Bemühungen, zusammen mit denen der Genfer

Gemeinnützigen Gesellschaft waren die Beschlüsse der Genfer Konferenz vom 26. Oktober 1863 und des internationalen Genfer Kongresses vom 8.—22. August 1864 nebst den Zusatzartikeln vom Jahre 1868.

Die erste Fürstin aber, welche diesem großen Werk der Menschenliebe ihre Unterstützung lieh, war Königin Augusta. Hören wir Dunant selbst:[53] „Nächst dem weisen und ausgezeichneten General Dufour (dem Vorsitzenden des Genfer Hilfsausschusses für verwundete Krieger) gebührt Ihrer Majestät, der Königin Augusta von Preußen die Ehre, den Gedanken einer diplomatischen Konvention zu Gunsten der verwundeten Krieger und ihrer Helfer durch das große und thatkräftige Interesse zur Ausführung gebracht zu haben, welches sie von Anfang an dieser Frage entgegenbrachte, schon zu einer Zeit, in welcher man selbst in der Schweiz die Verwirklichung meiner Ideen noch nicht für möglich hielt."

Auf der durch die Genfer Konvention geschaffenen Grundlage bildeten sich nun in den meisten deutschen Staaten Vereine mit dem roten Kreuz im weißen Feld als gemeinsamem Abzeichen, in Preußen am 6. Februar 1864 der „Preußische Verein zur Pflege im Felde verwundeter und erkrankter Krieger" unter dem Protektorat der Königin.

Schon am 20. April 1869 aber, also fast zwei Jahre bevor das deutsche Kaiserreich in Versailles verkündet ward, scharten sich die sämtlichen Vereine vom Roten Kreuz in Deutschland zu einer Gesamtorganisation zusammen, mit dem Centralkomitee der deutschen Vereine zur Pflege verwundeter und erkrankter Krieger an der Spitze. Die politische Bedeutung dieser That hat später Kaiser Wilhelm selbst hervorgehoben, wenn er am 14. März 1871 aus Nancy an seine Gemahlin dankbar schreibt:

„Indem Ich von Meinen tapferen und siegreichen Truppen, welche noch auf fremdem Boden zurückbleiben, Abschied nehme, drängt es Mich, Ew. Majestät auszusprechen, wie tief und freudig Mein Herz die liebreiche Fürsorge und Unterstützung bewegt hat, welche der Armee, unter dem Vorgange und dem Schutze Ew. Majestät, aus der Heimat, aus dem ganzen deutschen Vaterlande während des ganzen Feldzuges zu teil geworden ist. **Die deutsche Einheit ist durch das Centralkomitee der deutschen Vereine zur Pflege im Felde verwundeter und erkrankter Krieger auf dem Gebiete der Humanität vollzogen, als die politische Einheit unseres Vaterlandes sich noch im Kreise der Wünsche bewegte.**"

So hatte auch Augusta ihren Anteil an der Erreichung des großen Ziels, das immer klar vor ihrer Seele gestanden hatte, und zu dem sie nun auf den des Weibes würdigsten Bahnen, auf denen der Liebe, gekommen war.

Um die Bedeutung des Roten Kreuzes für die

deutschen Armeen in den Jahren 1870/71 zu er=
messen, mögen einige Zahlen genügen.

Der Gesamtbetrag der von dem Centralkomitee
und den ihm verbundenen Vereinen veranstalteten
Sammlungen an Geld und Naturalien machte die
Summe von 56 058 819 Mark aus.[54] Erwägt man
nun an der Hand der Statistik, in welch' engem Zu=
sammenhang derartige Aufwendungen mit dem Ge=
sundheitszustand einer Armee stehen, wie z. B. die
Engländer im zweiten Jahre des Krimkrieges durch
ein Opfer von 12 Millionen Mark die Zahl der durch
Krankheit Verstorbenen von 21 700 Mann auf 606
Mann zurückführten, so kann man nicht zweifeln,
daß die äußerst günstigen Gesundheitsverhältnisse der
deutschen Armeen in Frankreich außer den verbesserten
militärischen Vorkehrungen dieser ersten, großartigen
Kraftentfaltung des Roten Kreuzes zu danken ist.
Es starben[55] in der Zeit vom 16. Juli 1870 bis
30. Juni 1871 an Verwundung 28 278 deutsche Sol=
daten, an Krankheiten 14 904, während z. B. in dem
Krimkrieg auf 100 an Verwundungen Gestorbener eng=
lischerseits 382 Todesfälle durch Krankheit, französischer=
seits 375 gekommen waren. In dem Unionskrieg in den
Vereinigten Staaten 1861—65 war das Verhältnis
100 : 198,7, bei den Preußen 1866 100 : 144,4 gewesen.

Auch die Zahl der Heilungen der Verwundeten
erreichte bei den Deutschen 1870/71 die bisher fast
unerreichte Höhe von 75,8.

Nach dem Friedensschluß erwarteten neue große Aufgaben die Kaiserin und ihre Ratgeber auf dem Gebiete des Roten Kreuzes. Der Krieg hatte ebenso die Vorzüge wie die unleugbaren Mängel der bisherigen Organisation enthüllt. Das Pflegerpersonal war nur selten technisch genügend vorgebildet gewesen, es hatten sich ungeeignete, ja unsaubere Elemente unter dasselbe gemischt, die die militärischen Vorkehrungen oft statt gefördert, durchkreuzt hatten. Es war daher eine doppelte Aufgabe ins Auge zu fassen. Einmal mußte die vollständige Eingliederung der freiwilligen Krankenpflege in die Heeresorganisation, das andere Mal die sachkundige Ausbildung eines geeigneten Pflegerpersonals im Frieden angestrebt werden.

Wiederum die Kaiserin war auf ersterem Gebiet die geeignete thatkräftige Vermittlerin zwischen den hochgespannten, zuweilen bureaukratischen Ansprüchen der Militärs auf Unterordnung einerseits, und den Forderungen der Vereine auf eine gewisse Freiheit der Bewegung andererseits. In ihrem Sinne ward das Verhältnis staatlicher und freiwilliger Krankenpflege in der Kriegssanitätsordnung von 1878 und der Kriegsetappenordnung von 1887 geregelt.[56])

Was im Schoße der Vereine gegenwärtig für die Heranbildung fachmäßig geschulter Krankenpfleger geschieht, haben wir z. B. in Jena bei den Studenten und Bürgern zu beobachten erfreuende Gelegenheit.[57]) In der Stunde der Gefahr werden solche Kräfte zusammen mit verwandten Organisationen, wie den Diakonen des Rauhen Hauses, die — eine Schöpfung des trefflichen Wichern — schon bei Düppel ihr Liebeswerk übten, den Sanitätskolonnen der Krieger- und Turnvereine, dem Johanniter- und Malteser-Orden, die alle den Zwecken des Roten Kreuzes immer dienlicher zu machen das Streben seiner hohen Protektorin war, in dem Rücken der Kämpfenden eine Macht verständnisvoller Barmherzigkeit bilden, die, soweit es möglich ist, einen Ausgleich darstellen wird gegenüber dem immer mörderischeren Charakter der modernen Schlacht.

Besonders lag der Kaiserin die Pflege der internationalen Beziehungen des Roten Kreuzes am Herzen, die sie durch die lebhafteste Teilnahme an den Konferenzen, wie der Berliner (1869), auf der sie jeder Sitzung beiwohnte,[38]) durch die Stellung von Preisaufgaben für dieselben und Ähnliches an den Tag legte. Mit Stolz nannte sie sich ein Ehrenmitglied der Österreichischen Gesellschaft des Roten Kreuzes. So hat denn auch das internationale Komitee zu Genf bereits einen Augusta-Fonds begründet, der den internationalen Zwecken der Verwundeten- und Krankenpflege schon im Frieden dienen soll.[39])

Fragt man nach der treibenden Kraft dieser rastlosen Thätigkeit auf dem Gebiete des Roten Kreuzes in der Seele der Kaiserin, so steht in erster Reihe natürlich der heiße Wunsch eines edlen Herzens, den

Söhnen des Vaterlands in schwerer Stunde ihr hartes Los zu erleichtern; aber im Hintergrund ihres freien und idealen Geistes schlummerte doch noch ein anderer, ein weltbürgerlicher Gedanke. Es schien ihr nicht unmöglich, daß durch internationale Abmachungen wie die Genfer Konvention allmählich ein friedliches Band um die sich blutig befehdenden Nationen geschlungen würde. Charakteristisch für diese Anschauung und für die Art der Kaiserin, die einzelne Erscheinung immer in einem großen Zusammenhang zu betrachten, ist auch ein Gespräch, das sie nach Begründung des Weltpostvereins mit dem Staatssekretär von Stephan[60]) führte, über welches dieser in der Jahresversammlung des elektro=technischen Vereins in Berlin folgendermaßen berichtete:

„Mit dem Wirken und Schaffen vereinigte sich bei der geistigen Eigenart der erhabenen Fürstin aber auch stets ein eindringendes und umfassendes Denken, das allen Erscheinungen die geistige Seite abzugewinnen wußte, oder doch suchte, das nach dem höheren Zusammenhang der Dinge forschte, und das das Große und Ganze über dem Detail des Nutzens nicht vergaß. Als hierher gehörig möchte ich nur erwähnen, daß sie in dem großartigen Verkehrswesen unserer Zeit, über welches sie sich so gern in statistischen und graphischen Darstellungen unterrichten ließ, nicht nur ein mächtiges Instrument des Handels und Wandels, des Geschäfts und Austausches, sondern bei weitem mehr einen gewaltigen Hebel der Civilisation, ein sittliches Kraftelement, ein Werkzeug der Vorsehung erblickte. Ich möchte ein Beispiel dafür anführen. Bald nach der Gründung des Weltpostvereins, im Jahre 1874, war es bei einer Mittagstafel im Schlosse zu Koblenz, wo die hohe Frau mir folgendes sagte: ‚Sehen Sie, es ist ja nicht das, daß hier für alle Länder der Erde ein billiges und gleichmäßiges Porto hergestellt ist, das ist an sich gewiß sehr gut für die Schiffsreeder, die Kaufleute, die Bankiers, wie für die Gelehrten, die Schriftsteller, die Zeitungen und selbstverständlich auch für die Familien, aber es ist nicht die Hauptsache. Diese liegt darin, daß die verschiedenen Völker hier gewöhnt werden an eine gemeinsame, übereinstimmende Thätigkeit, an das ständige Bewußtsein eines ihnen allen gemeinschaftlichen Interessengebietes, an die freiwillige Unterwerfung unter ein gemeinsames Gesetz, und an das Arbeiten nach einer großen, alle umfassenden Organisation; darin liegt der fruchtbarste Keim und die Saat für die Zukunft.' „Das ergriff", fuhr Stephan fort, „mich so, daß ich erwiderte: Euere Majestät sind der erste Mensch, der mir das gesagt hat, und es ergreift mich tief, weil grade ähnliche Ideen mir vorgeschwebt haben, als ich ans Werk ging."

In diesem Zusammenhang versteht sich auch am besten der Grundton, welcher durch die religiösen Überzeugungen der Kaiserin hindurchklingt. Man

hat ihr eine starke Hinneigung zu dem katholischen
Glaubensbekenntnis zugeschrieben, ja, man hat von
ihrem Übertritt zu demselben wissen wollen. Es war
in den Rheinlanden, wo sie zuerst eine tiefere Ein=
sicht in den Bau der katholischen Kirche gewann und
katholischen Kreisen, allerdings mit einer gewissen
Vorliebe, sich näherte. Hierbei ist jedoch ein Doppeltes
zu bedenken: einmal, daß die politische, glänzend ge=
löste Aufgabe des prinzlichen Paares in den Rhein=
landen die war, dieselben für die protestantische Dy=
nastie Preußens zu gewinnen, das andre Mal, daß
in den Orden und Gesellschaften jener Konfession der
Fürstin zuerst eine werkthätige Organisation im Dienste
des großen Liebesgedankens für die leidende Menschheit
entgegentrat, dessen Durchführung im großen Stile
sie immer mehr als die Hauptaufgabe ihres Lebens
erkannte.

Aber das Gute in einer fremden Konfession
schätzen und den vom Vater auf den Sohn vererbten
„Ring" gegen einen fremden eintauschen ist ein Unter=
schied, den zu verkennen eine Fürstin von der Pflicht=
treue der Kaiserin schon der Gedanke an die Über=
lieferungen des ernestinischen und des Hohenzollern=
hauses verhindert hätte.

Alle privaten wie öffentlichen Äußerungen der
Kaiserin, soweit sie bisher bekannt geworden sind,
lassen auf nichts anderes als auf ein tiefes und ge=
sundes Religionsbedürfnis, auf den festen Glauben an

die weltbezwingende Kraft christlicher Liebe schließen, welcher gegenüber den praktischen Aufgaben aller Religion den konfessionellen Hader gering achtete. Um in unserem Bild zu bleiben:

> „Es eifre jeder seiner unbestochenen,
> Von Vorurteilen freien Liebe nach!
> Es strebe von Euch jeder um die Wette,
> Die Kraft des Steins in seinem Ring' an Tag
> Zu legen! Komme dieser Kraft mit Sanftmut,
> Mit herzlicher Verträglichkeit, mit Wohlthun,
> Mit innigster Ergebenheit in Gott
> Zu Hilf'!"

Ich glaube, daß wir nicht allzufern von der Wahrheit sind, wenn wir dies als das Glaubensbekenntnis der Kaiserin bezeichnen, wenigstens was die Bethätigung christlicher Gesinnung anbetrifft. In einem Brief an eine Frau von Bonin (?) aus dem Jahre 1877 hätte die Kaiserin, falls jener Brief sich inhaltlich als echt erweist, sich selbst gegen den Vorwurf „ultramontaner Anwandlungen" [61]) verwahrt. Sie beruft sich in demselben auf ihren frühesten Jugendunterricht, in welchem ihr Respekt vor beiden Konfessionen als unerläßliches Gebot eingeprägt worden sei. Später habe sie an Philipp Marheinecke und Nitzsch trotz ihrer hervorragenden Stellung in dem Kampf gegen den „geistesmächtigen" Katholiken Möhler, sowie namentlich an ihrem „Landsmann" Karl Hase, dem es nichts verschlagen habe, daß der „milde" Papst

Pius auch über ihn den Segen spendete, überzeugte Mitarbeiter an dem konfessionellen Frieden gefunden: "Martha und Maria, beide dienten sie neidlos dem Einen bei aller Verschiedenheit ihres Wesens, und so ist auch für die zwei Vereinigungen ein gutes Nebeneinander nicht bloß möglich, sondern ganz natürlich... Wer ergreift mich denn mehr, Bach oder Palestrina? Ihre göttliche Musik bedeutet für mich gleich himmlische Harmonie. Das alles fließt ineinander, und wir sind glücklich, durch die Klänge ihrer Lobgesänge zu ahnen, wie der Gottesgedanke in zwei ganz verschiedenen Naturen zu herrlichster Offenbarung kommt. Weg also mit allem Trennenden!"

Daß ihr auf diesem Standpunkt die sogenannte antisemitische Bewegung wenig sympathisch sein mußte, liegt auf der Hand, auch wenn es nicht durch ausdrückliche Zeugnisse zu belegen sein sollte.[62])

Ebenso erblickte sie in den Maßnahmen der Regierung gegen die Katholiken während des "Kulturkampfes" eine Beeinträchtigung des Glaubensrechtes dieses Teils ihrer Unterthanen. Ob mit Recht oder Unrecht bleibe dahin gestellt. Jedenfalls hat die Geschichte ihrer Ansicht von der Unhaltbarkeit der Maigesetze Recht gegeben. "Von Personen", sagt ein sehr gründlicher Aufsatz über die Kaiserin, "die in den Gang und Verlauf der kirchenpolitischen Krisis näheren Einblick gehabt haben, wird versichert, daß das gesamte Verhalten der Kaiserin in dieser Frage die

Brücken erhalten und gebaut habe, die im Interesse
des religiösen Friedens betreten zu können wir
schließlich froh sein mußten." ⁶³)

*　*　*

Die andere Großthat der Königin und Samarite-
rin ist die Begründung des Vaterländischen Frauen-
vereins, wie wir schon sahen, das von der Tochter
übernommene Werk der edlen Mutter. Am Tage der
Dank- und Siegesfeier des Jahres 1866 erfolgte der
Aufruf, nach welchem „die weiblichen Kräfte, die
während des Kriegs ohne Unterschied der konfessionellen und Standesverhältnisse so wahrhaft auf-
opfernd und großartig gewirkt hätten, auch im Frieden gemeinsam in erfolgreicher Thätigkeit erhalten
werden sollten". Diese Friedensthätigkeit ist eine
doppelte, einmal die Vorbereitung für den Krieg im
engsten Anschluß an das Centralkomitee des Roten
Kreuzes, das andere Mal die Linderung jeder allgemeinen Not, wo und wie dieselbe auftrete. Als Ziele
werden die Ausbildung von Krankenpflegerinnen, Erziehung der Jugend, namentlich der Waisen, Rettung
verwahrloster Kinder, Gesundheitspflege und Schaffung
von Hausindustrien zur Hebung der Armut und Sitt-
lichkeit bezeichnet. Auf diese innere Missionsthätigkeit
der Frauenvereine aufs neue hinzuweisen, nahm die
Kaiserin Anlaß aus den fluchwürdigen Anschlägen
auf des Kaisers geweihtes Haupt. „Über alle hem-

menden Verschiedenheiten und Gegensätze hinweg", schreibt sie, „ist unsere allgemeine Aufgabe, die Gottesfurcht zu stärken, die sittlichen Grundlagen zu befestigen und allen Notleidenden zu helfen. Ich wünsche, daß das Netz der Vereine sich fortwährend erweitere, und daß seine Lücken mit Anspannung aller Kräfte ergänzt werden."

Dies geschah. Am 1. Juli 1869 hatten 291 Zweigvereine bestanden. Am 28. Dezember 1889 fertigte die Kaiserin die Unterschrift für den 715ten aus.[64]) Allgemeine Notstände, die Hungersnot in Ostpreußen 1867, die Sturmfluten 1872, der Notstand in Oberschlesien 1879, die Ueberschwemmung in den Rheinlanden 1882 u. s. w. gaben den Frauenvereinen, die schon im Jahre 1871 ihre Organisation über ganz Deutschland vollendet hatten, Gelegenheit, sich im großen Stile zu bewähren.

Nur auf diesem Wege, also durch die Erweckung aufrichtiger Frömmigkeit und menschenfreundlicher Gesinnung scheint die Kaiserin, ihrer ganzen Weltanschauung und politischen Gesinnung gemäß, eine Lösung der socialen Frage, deren Bedeutung und Gefahren sie frühzeitig erkannte, für möglich gehalten zu haben.[65]) Aber wie sie auf dem Gebiete der freiwilligen Krankenpflege doch allmählich zu der Erkenntnis kam, — denn auch von der Kaiserin gilt das Wort: „Es schränkt sich nach und nach die freie Seele ein", — daß dieselbe innerhalb des Rahmens der staatlichen

Einrichtungen sicherer wirke, so dürfen wir annehmen, daß auch die spätere maßvolle Socialpolitik ihres Gemahles und des Reichskanzlers ihre Billigung fand, wenn sie auch immer auf die boni mores und die auf diesen beruhenden freiwilligen Vereinigungen größeres Gewicht als auf die bonae leges legte.

Auf jeden Fall sollte das Weib einen hervorragenden Anteil an der Lösung dieser weltbewegenden Fragen haben.

Schon Tacitus berichtet von unseren Ahnen: „Zu den Müttern und zu den Frauen tragen sie ihre Wunden, und jene scheuen sich nicht, sie zu zählen und zu untersuchen. Ja, sie glauben, daß den Frauen die heilige Gabe der Ahnung innewohne, und sie verachten nicht ihre Ratschläge und beachten ihren Bescheid wohl."

So ist auch der modernen Frau im modernen Staat ihre Stellung im Dienst des Vaterlands im Kriege und im Frieden angewiesen. In beiden ging die Kaiserin mit leuchtendem Beispiel voran.

Was sie in dem Kriegsjahr 1870/71 in der Hauptstadt dem Vaterlande gewesen ist, wird unvergessen bleiben: bald auf den Bahnhöfen, wenn die Züge mit den Verwundeten ankamen, bald in den Lazaretten, wo sie furchtlos bei Freund und Feind verweilte, wie sie es schon an den Krankenstätten der Cholera in den Rheinlanden gethan hatte, bald in den Sitzungen des Roten Kreuzes, die oft bis in die Nacht währten, bald wieder im Palais, um der lautlos harrenden Menge eine neue Siegesbotschaft verkünden zu lassen.[66] „Wer die Kaiserin", sagt Virchow,[67] „während des Krieges selbst in den Lazaretten thätig gesehen hat, der weiß, mit welcher Genauigkeit und Sorgfalt bis in das Einzelne sie in die Verhältnisse einzudringen wußte, und wie sehr sie imstande war, einen Faden, den sie einmal erfaßt hatte, dauernd festzuhalten und an diesen Faden in immer größerer Zahl neue Fäden anzuknüpfen. Es ist eine seltene, ja, fast einzige Erscheinung in der Geschichte, daß eine Dame, namentlich eine so hochstehende, mit dieser gewissenhaften Pünktlichkeit, dieser bis in das Kleine immer neuen Sorgfalt die Angelegenheiten im Gange erhalten hat, die sie einmal als nötig erkannt hatte. Sollte einmal wieder ein Krieg kommen, dann wird sicherlich von allen Seiten anerkannt werden, wie viel sie durch die Organisation der Frauenvereine, durch die vielen Schöpfungen von Krankenwartschulen, durch die Entwicklung von Hilfsvereinen in deutschen Ländern und Provinzen dazu gewirkt hat, einen möglichst günstigen Zustand der Hilfe im Kriege vorzubereiten."

Im Frieden verwirklichten großartige Schöpfungen die Ziele, welche die Kaiserin selbst den Frauenvereinen gesteckt hatte. Ich nenne das Augusta-Hospital, eine Musterkrankenanstalt, die Lieblingsschöpfung der Kaiserin auf dem Gebiete des Heilwesens, hervorgegangen aus dem von der Kaiserin gegründeten

Frauen-Lazarettverein, seit 1873 mit einem Pflegerinnenasyl, seit 1874 mit einer Poliklinik verbunden, ich nenne das Kaiserin-Augusta-Stift, eine Erziehungsanstalt zunächst für die Töchter gefallener Offiziere und Beamten, wo die Kaiserin oft und gern als Mutter unter ihren Kindern weilte, ich nenne die Hygieneausstellung, die unter dem Protektorat der Kaiserin am 15. Mai 1883 eröffnet wurde, und für die sie zahlreiche, von tiefem Verständnis für die Sache zeugende Preise ausgesetzt hatte.

Und bei alledem war die Kaiserin kaum eine eigentlich reiche Fürstin zu nennen, sondern oft auf die Beihilfe anderer angewiesen. Aber, pflegte sie wohl zu sagen: „Es erlernt sich bei gutem Willen die Kunst rasch, andere für gute Zwecke zu gewinnen."[68])

Die Entfaltung ihrer Thätigkeit für die leidende Menschheit führte die Kaiserin naturgemäß in innige Beziehungen zu den hervorragendsten Vertretern der medizinischen Wissenschaft, namentlich der Chirurgie; so zu Bernhard von Langenbeck, ihrem langjährigen treuen Freund, der mit ihrer Hilfe schon 1864 den ersten Sanitätszug einrichtete, der mit ihrer Hilfe den antiseptischen Verband, diese Wohlthat der Menschheit, in das Heer einführte,[69]) dem ihre letzte Stiftung, das noch nicht vollendete Langenbeck-Haus, als Heim des deutschen Chirurgenkongresses, galt, so zu Volkmann, der ihr im Angesicht seines Todes noch schrieb: „Ew. Majestät haben für uns und unsere

Wiſſenſchaft, für die Hoſpitäler und Kranken ſo viel gethan, wie nie jemand zuvor", 70) zu Esmarch, Billroth, Buſch, Bergmann und anderen. Von dieſen und ähnlichen Ratgebern geleitet, ſtellte die Kaiſerin Preisaufgaben, deren Löſung hervorragende Werke zeitigte, wie Lueder, Die Genfer Konvention; Criegern, Das Rote Kreuz; Esmarch, Technik der Kriegschirurgie und andere.

Zu einer ſchönen Huldigung für die tote Kaiſerin geſtaltete ſich die letzte Sitzung des X. internationalen mediziniſchen Kongreſſes zu Berlin. In ſchlichten Worten hatte die Großherzogin von Baden durch ein Telegramm an das Präſidium an die verſtorbene Mutter erinnert: „Der ſeinem Schluß ſich zuneigende, wichtige Kongreß hat während ſeiner bedeutungsvollen Tagung auch gewiß mehrfach in Ihnen den Gedanken wachgerufen, mit welcher Teilnahme meine heimgegangene Mutter ihm in regem, verſtändnisvollem Intereſſe gefolgt wäre. Dieſes auszuſprechen war mir Bedürfnis." Hieran anknüpfend ſagte Virchow, der Präſident des Kongreſſes:

„Die bedeutungsvolle Stellung, welche die Kaiſerin Auguſta in der Entwicklung der Einrichtungen praktiſcher Menſchenliebe eingenommen hat, iſt weit über die Grenzen unſeres Landes, ich darf wohl ſagen, in allen civiliſierten Ländern bekannt und bewundert worden. Wie die Kaiſerin daheim bis zu ihrem Tode unermüdlich war, durch die Gründung von Kranken=

häusern und Asylen, durch die persönliche Förderung und Vereinigung von Wohlthätigkeitsvereinen, durch Aufklärung über die besten Wege der Hilfe, Krankheit und Leid zu mindern, so hat sie das unvergeßliche Verdienst erworben, die reichen Mittel internationaler Gesellschaften, wie sie vorzugsweise das Rote Kreuz geboten hat, in weitestem Sinne zur Verwendung zu bringen. Die Geschichte der Krankenpflege bewahrt die Erinnerung an patriotische Frauen, die leuchtende Vorbilder den Zeitgenossen und Nachkommen waren in selbstlosester Sorge für die leidende Menschheit; aber kein Beispiel ist bekannt, daß eine so hochstehende Frau in so umfassender und zugleich in so wissenschaftlicher Weise auf allen Gebieten der Krankenpflege thätig gewesen wäre. Möge ihr Gedächtnis gesegnet sein, möge ihr aus allen Schichten der Gesellschaft eine zahlreiche Nachfolge erwachsen!"

* * *

Überblickt man diese in kurzen Zügen geschilderte Thätigkeit unserer Kaiserin, nimmt man hinzu, was sie außerdem für die Volksküchen, deren Protektorin sie war, für Sanitätswachen, für die Feuerwehr, für treue Dienstboten, für die Erziehung der aus den Waisenhäusern Entlassenen, für die Rettung gefallener Mädchen that, bedenkt man noch einmal, was wir durch den Mund einwurfsfreier Zeugen genugsam festgestellt haben, daß ein Wort wie Protektorat in der Auffassung der Kaiserin nicht ein prunkendes Schild, sondern der Inbegriff peinlichster, ja, fast ängstlicher Pflichterfüllung war, erwägt man schließlich, wie sie überall Auge und Hand offen hielt, wo es galt, wissenschaftliche oder künstlerische Bestrebungen zu fördern, so erstaunt man über die Spannkraft des Geistes, die sich hier bei einem Weibe offenbart. Es spricht aus ihrer Seele zu uns ein Zug, wie er der Urahnin eigen war, die sie mit Kaiser Wilhelm gemein hat, jener Landgräfin Karoline von Hessen,[71]) die Friedrich der Große eine Zierde ihres Geschlechts, mulier sexu, vir ingenio nannte.

Und unsere Bewunderung wächst, wenn wir erwägen, daß sie dies alles that, durch lange, lange Jahre von schwerem körperlichen Leid und zuletzt von dem noch schwereren Schmerz der Seele heimgesucht. Denn ihr, der die Krone des Lebens beschieden war, blieb die Krone des Leidens nicht erspart. Vor sich sah sie den Gatten scheiden, der sie im Myrtenschmuck, im silbernen und im goldenen Kranze zum Altar geführt hatte, der sie auf die Höhe des Lebens hob, vor sich sah sie den einzigen Sohn, den Stolz und die Hoffnung ihres Lebens, einen Baum in der Blüte vom Sturme gebrochen werden, vor sich sah sie teure Enkel und liebe Verwandte zu Grabe tragen. Alt werden, heißt viele sterben sehen. Sie trug es mit starkem Herzen, behütet von den Fittigen eines tiefen, aber vorurteilsfreien Glaubens. „Seid fröhlich in

Hoffnung, geduldig in Trübsal" war ihr Lieblings=
spruch.

Im Herbst 1888 war sie noch einmal nach Weimar,
dessen Tochter sie sich immer mit Stolz nannte, ge=
kommen, um noch einmal zu leben

> "In den Tagen der Kindheit,
> In der fröhlichen Schulzeit, —
> Ach, aber die alten,
> Die wohlbekannten Gesichter,
> Alle sind sie verschwunden."

Noch einmal stand sie in dem neuen Goethe=
Nationalmuseum auf der Stelle, wo ihr einst der
Dichter Lebewohl sagte. Sie entzückte die Ihrigen
durch die Treue des Gedächtnisses, mit welcher sie alle
Einzelheiten des Goetheschen Hauses bewahrt hatte.

Der Ring des Lebens war geschlossen, wenig nach
Jahresfrist, am 7. Januar 1890, starb sie. „Können
wir morgen wieder arbeiten?" war die letzte Frage
an ihren Kabinetsrat.

Nach ihrem Tode brach die Anerkennung, die ihr
im Leben oft versagt war, in Strömen der Liebe
hervor. Unter dem Blumenschmuck, der den Winter=
monat ihres Todes an ihrem Sarge in einen Garten
verwandelte, befand sich auch der Kranz des Reichs=
tags. Er trug die Widmung: „Der Deutsche Reichs=
tag seiner ersten Kaiserin! Selig sind die Barm=
herzigen; denn sie werden Barmherzigkeit erlangen!"

Werfen wir hier rückschauend noch einmal einen

Blick auf das Ganze der Erscheinung, welche uns auf diesen Blättern entgegen getreten ist, so sind es vor allem zwei Eigenschaften, welche das Wesen dieser bedeutenden Frau bestimmen und gleichsam den Kern desselben bilden. Einmal ein idealer Sinn, welcher unentwegt an das Gute in der Menschenbrust glaubte und von seiner Erweckung und Stärkung die Heilung aller Schäden in Staat und Gesellschaft erwartete, ein Idealismus, groß gezogen in der Schule des alten Weimar, genährt an den Schöpfungen und Lehren eines Goethe und Herder, ein Idealismus, vielleicht bedenklich, wenn er an dem Steuerruder des Staates gesessen hätte, aber in Schranken gehalten durch die nüchterne Weisheit des Gatten und seines großen Ratgebers, und auf ein Gebiet verwiesen, auf welchem er sich frei entfalten durfte, von unwiderstehlicher, schöpferischer, begeisternder Wirkung. Und im Verein hiermit eine Pflichttreue, welche jede Stunde des Lebens als im Dienste einer hohen Aufgabe stehend erachtete. „Ihr, der Reichbegabten, hatte die verschwenderische Natur nur weniges versagt; zu dem wenigen gehörte jene Leichtigkeit des Entschlusses, jenes Selbstvertrauen; nennen wir's: — der köstliche, hermesgleiche Leichtsinn, welcher den eigenen Schultern nicht mit Vorliebe größere Lasten als fremden aufzulegen trachtet. Alle Tage und zu jeder Stunde blieb der Bogen gleich scharf gespannt; jedes Gespräch, auch das geringfügigste, bloß freundschaftliche, behanbelte in strenger Folge die dazu vorher zurechtgelegten Gegenstände; schwerlich hat die hohe Frau sich jemals einen Spaziergang erlaubt, zu welchem nicht neben der Pflicht, sich gesund zu erhalten, auch noch irgend ein in ihren Augen königlicher Dienst den Anlaß gab." [72])

Mit diesen Eigenschaften ausgestattet, wurde sie in der Hand einer gütigen Vorsehung das Werkzeug, um die Nachtseiten einer glänzenden Geschichtsepoche, soweit es in der Macht schwacher Menschen liegt, zu erhellen, die Not blutiger, aber unvermeidlicher Kriege zu lindern und in dem gegenwärtigen und bevorstehenden Kampf der socialen Gegensätze der deutschen Frau ihre Stellung und ihren Anteil anzuweisen.

Dem Wanderer, der heute seine Schritte nach dem stillen Mausoleum von Charlottenburg lenkt, bietet sich ein weihevoller Anblick. Hier Königin Louise und Friedrich Wilhelm III., dort Kaiser Wilhelm und Kaiserin Augusta! Welch ein Stück vaterländischer Geschichte ruht hier in dem Frieden des Grabes bei einander.

Aber nach dem Worte des Dichters wird auch dieses letzten Sarges „Köstlicher Samen" zu „schönerm Los" erblühn. Auch Kaiserin Augusta wird leben!

Während um den Wachtfeuern deutscher Kriegslager die Soldaten sich durch die Erinnerung an ihren greisen Heldenkaiser, den unbesiegten in hundert heißen Schlachten, zu künftigen Thaten begeistern werden, wird auf den Verbandplätzen und in den

Lazaretten der Geist Augustas segnend walten, und so lange deutsche Väter ihren Knaben erzählen werden von Kaiser Wilhelm, dem Einiger Deutschlands, dem Vater des Vaterlands, so lange werden deutsche Mütter ihren Töchtern das Bild von Weimars edler Fürstentochter vor die Seele halten, die die Wunden heilte, die jener schlug, und die Lehre ihres Meisters:

„Edel sei der Mensch,
Hilfreich und gut!"

in Thaten umsetzte, welche dem Vaterlande, ja der Menschheit reichen Segen brachten, reicheren bringen werden.

So werden diese beiden großen und guten Menschen uns „gleich Sternen entgegen leuchten, als Richtpunkte, wohin wir unsern Lauf bei einer nur zu oft durch Stürme unterbrochenen Fahrt zu richten haben". Sie, die Tochter des waldbeschatteten, sagenumwobenen Thüringer Landes, die Schülerin Goethes, in dem sich die geistige Einheit Deutschlands vollzog. Er, der Sohn der nüchternen, männererzeugenden Mark, welcher jenes Juwel geistiger in den Ring politischer Einheit schmiedete: eine Ehe fürwahr, welche ein Gleichnis und eine Vorbedeutung für die Geschichte und das Gedeihen des neuentstandenen Reiches genannt werden kann.

Anmerkungen und Litteraturnachweise.

1. Vgl. L. Preller: Ein fürstliches Leben. Weimar 1859, S. 76 ff.

2. L. Preller a. a. O. S. 27 ff., S. 116 ff. und E. Gurlt: Zur Geschichte der internationalen und freiwilligen Krankenpflege im Kriege. Leipzig 1873, S. 502 ff.

3. Vgl. z. B. „Kölnische Zeitung" vom 8. Jan. 1890, Nr. 8.

4. Vgl. Fr. Strehlke: Goethes Briefe I. Berlin 1872, S. 275 (siehe weiter unten unter 9).

5. Bei L. Preller a. a. O. S. 128.

6. Vgl. Goethes Briefe an Christian Gottlob von Voigt, herausg. von Otto Jahn. Leipzig 1868, S. 401 f.

7. Vgl. Goethes Werke (G. Hempel) XXVII, 251.

8. Vgl. Charlotte von Schiller und ihre Freunde, I. Band. Stuttgart 1860 (an Prinzessin Karoline Luise von Sachsen-Weimar).

9. Vgl. Strehlke a. a. O. I, 276, II, 457. Der erste dieser beiden Briefe ist an Frau von Hopfgarten, die Oberhofmeisterin der Prinzessinnen Maria und Augusta, gerichtet und lautet:

„Ihrer Kaiserlichen Hoheit unverbrüchlichst gewidmet, wünschte die wenigen Aufträge zu höchster Zufriedenheit auszurichten. So viel vorläufig. Herr von Münchow hat mir zugesagt, das Honorar Herrn Weickarts zu regulieren. Ist das geschehen, so bitte mir anzuzeigen, wie viel Stunden Müller aufwartet, so wird auch er befriedigt werden können. Mit Herrn von Münchows jedesmaliger Remuneration scheint es mir bedenklich. Ich würde immer raten, Ostern herankommen zu lassen, wo man ihm eine ausreichende Summe anbieten könnte. Die Sache ist delikat; ich werde sie durchdenken und Ihro Kaiserlichen Hoheit nächstens mit andern Gegenständen davon unterthänigsten Vortrag thun.

Wegen dem Garten (Prinzessinnengarten) ist leider keine veränderte Gesinnung bei der Besitzerin zu hoffen. Ew. Gnaden sprechen die Absicht entschieden aus, die man hegt, dort wieder den Sommer zuzubringen. Sie sagen es im Vertrauen, allein es ist allgemein angenommen, und Ew. G. (soll wohl heißen Frau Griesbach?) weiß und glaubt es. Nun hat sie ja schon vor einem Jahre über eigne Entbehrung einer Landwohnung geklagt, und es ist noch die Frage, ob sie nicht Schwierigkeiten machen wird, ihn diesen Sommer zu vermieten. Die Art von Maske, die ich Ihro Hoheit vorschlug, würde unter den gegebenen Umständen keine Wahrscheinlichkeit haben und nicht fruchten, ja eher schädlich sein. Befehlen Ihro Hoheit, so will ich durch Freunde Erkundigungen einziehen. Die Besitzerin ist aber viel zu klug, ihrer Sache so gewiß, daß direkte und indirekte Behandlung gleiche Wirkung hervorbringen werden.

Aus eigner Erfahrung kann ich sagen, wie hartnäckig in solchen Fällen die Besitzer sind. Die Kräuterischen Erben wußten, daß ich ihren Garten nicht entbehren konnte, und ich mußte nach langem Zögern endlich doch Haus und Garten um einen übermäßigen Preis acquirieren, wenn ich nur einigermaßen in meinem Eigentum Genuß finden wollte.

So viel, meine Gnädige, für diesmal, da ich nichts Erfreuliches zu sagen habe. Den lieben Zöglingen alles Gute von heut auf lange Jahre! Die bunten Papierchen drehen sich im Kreise und machen wunderliche Sprünge, welche hoffentlich Vergnügen zu verschaffen das Glück haben. Mad. Putsch (Batsch) und Dem. Pallard die besten Empfehlungen mit dem Wunsch, alle zusammen nach überstaubenem Winter im Grünen zu sehn.

Jena, den 2. Januar 1818. Goethe."

10. Großherzogl. Hausarchiv Abth. A. XXII. Carl Friedrich Nr. 458:

Sonntag	Morgen	12 Uhr:	Herr Hofrat Meyer
Montag	"	10 "	Herr von Otto, Professor Müller, Herr Kapellmeister Hummel
	Mittag	1 "	Professor Riemer
	Nachm.	4 "	Konsist.-Rat Horn, Herr Haefer
Dienstag	Morgen	11 "	Herr Müller
	Nachm.	4 "	Herr Haefer

Mittwoch	Morgen 10 Uhr:	Herr Hergt, Kapellmeister Hummel
	Nachm. 4 „	Konsist.-Rat Horn, Herr Haeser
Donnerstag	Morgen 10 „	Herr von Otto
	Mittag 1 „	Professor Riemer
	Nachm. 4 „	Professor Müller
Freitag	Morgen 11 „	Consist.-Rat Horn, Hr. Hofrat Meyer
	Nachm. 4 „	Herr Hergt.
Sonnabend	Morgen 10 „	Consist.-Rat Horn, Herr Hergt
	„ 11 „	Hr. Probst, Hr. Kapellmstr. Hummel
	Nachmittag	Herr Haeser.

11. Vgl. Erinnerungen und Leben der Malerin Luise Seidler von H. Uhde. 2. umgearbeitete Auflage. Berlin 1875.

12. Vgl. Strehlke a. a. O. I, 290.

13. Nach „Die christliche Welt" 1890 Nr. 10, S. 226.

14. Vgl. J. G. Hand nach seinem Leben und Wirken, dargestellt von Dr. G. Queck. Jena 1852, S. 50 ff. Die Originale der hier und später mitgeteilten Briefe befinden sich im Besitz der Frau Aktuar Sophie Hand, Eisenach. Außerdem ist im Großherzogl. Hausarchiv ein großes Konvolut Briefe Hands an seine Frau aus Petersburg vorhanden, in denen hie und da auch Bezug auf den Unterricht der Prinzessin Augusta genommen wird.

15. Vgl. Strehlke a. a. O. I, 290.

16. Großherzogl. Hausarchiv Abth. C Litt. H Nr. 114 z. B. Koblenz den 29. Februar 1852: „Indem ich Ihnen noch für Ihren Brief herzlich danke und Ihnen versichere, daß das dankbare Andenken an meinen trefflichen Lehrer in meinem Herzen fortleben wird, schließe ich" u. s. w.

17. Im Besitz der Frau Oberstlieutenant Rudolph in Weimar. Die Hauptmasse dieses Briefwechsels ist nach dem Tode der Frau Patsch der Kaiserin zurückgegeben worden. Sollte dieselbe (im Preuß. Hausarchiv?) noch vorhanden sein, so würde sie eine Hauptquelle für eine Biographie der Kaiserin bilden können, da dieselbe ihr Herz in den verschiedensten Lebenslagen der alten Erzieherin ausschüttete.

Aus den noch vorhandenen Briefen teile ich einige wenige Stellen mit:

Schildau bei Hirschberg in Schlesien (ohne Datum).

„Es ist schon recht kalt und winterlich im Gebirge. Mit

diesem Aufenthalt begann vor zwei Monaten die denkwürdige
Reise, die ich nun mit demselben Aufenthalt beschließe. Wenn
ich an diese Zeit zurückdenke, glaube ich zu träumen. Wie vieles
habe ich gesehn, gehört und erlebt; an Erfahrungen bereichert
kehre ich heim und hoffe in die Wagschale des täglichen Lebens
wider so manche Prüfung und Last das Gegengewicht einer be=
sonnenen Ergebung und einer bescheidenen Selbständigkeit zu legen.

Der Aufenthalt in Teplitz war der Glanzpunkt der ganzen
Reise oder vielmehr des zweimonatlichen Nomadenlebens, dessen
Eindruck ich Dir nicht beschreiben kann... Die Östreicher sind
treffliche Leute, mit denen man leicht bekannt wird, und deren
Schwächen man viel lieber trägt und übersieht als die einer von
außen überbildeten und im Innern noch rohen Nation."

Koblenz, den 22. April 1851.

„Ich schreibe Dir diese Zeilen bevor wir unsere Reise nach
England antreten und bitte Dich, meiner in der Ferne wie immer
mit Segenswünschen zu gedenken. Wir haben die Einladung
angenommen, um 14 Tage in London zu bleiben... Der Be=
such in London würde mich zu andern Zeiten lebhaft erfreut haben,
jetzt fürchte ich mich fast davor, teils der Anstrengung, teils der
Stimmung wegen, welche die Lage der Verhältnisse veranlaßt."

Baden, den 25. Juli 1851.

„Der Aufenthalt in England war sehr interessant wegen der
überaus schönen Ausstellung und des freundlichen Empfanges; doch
war er auch sehr ermüdend und meine Gesundheit, die schon vorher
angegriffen war, ließ mich in Stich, so daß ich bei der Rückkehr
gleich hierher reisen mußte, um eine sehr ernste Kur zu beginnen."

18. Vgl. Kaiserin Augusta von B. v. d. Knesebeck. Eine
Gedächtnisrede am 9. März 1890, S. 15, Georg von Bunsen in
Die Nation 1890, Nr. 17, S. 253 und Ch. W. D(uncker): Die
christliche Welt 1890, Nr. 9, S. 208 (auch separat erschienen).

19. Vgl. Charlotte von Schiller und ihre Freunde, I. Band.
Stuttgart 1860, S. 599, 633, 683 (an Prinzessin Karoline Luise
von Sachsen=Weimar).

20. Bei Pertz VI, 355 (Preller a. a. O., S. 115).

21. Briefwechsel zwischen Goethe und Zelter, herausgegeben
von Dr. F. W. Riemer. Berlin 1834, V, 243, 262.

22. Vgl. Teutsche Rundschau 1889/90, Nr. 9, Kaiser Wilhelm I., die Prinzeß Elise Radziwill und die Kaiserin Augusta von Gneomar Ernst von Natzmer, S. 161 (auch separat erschienen).

23. Großh. Hausarchiv, Abt. A. XXII. Carl Friedrich Nr. 458a.

24 und 25. Teutsche Rundschau a. a. O., S. 181, 167.

26. Teutsche Rundschau a. a. O., S. 182, 183, wo indessen die Verlobung etwas zu früh angesetzt wird.

27. Großherzogl. Hausarchiv.

28. Goethe an Zelter.

29. Teutsche Rundschau a. a. O., S. 183.

30. Die Feierlichkeiten des Hochzeitszugs sind geschildert im Großherzogl. Sächs.-Weimar-Eisenachischen Regierungsblatt vom 16. Juni 1829, Nr. 13. Die Hochzeitsfeierlichkeiten zu Berlin enthält das Amtliche Supplement zur Allgemeinen Preußischen Staatszeitung Nr. 162 desselben Jahres.

Das Entgegenkommen der Bevölkerung bei ersteren ging trotz ununterbrochenen Regenwetters in der That über das gewöhnliche Maß hinaus. Auch an Poesie fehlte es in dem Lande der Musen natürlich nicht: so seitens der Gemeinde von Niederroßla, der Ritterschaft von Eckartsberga, der Vereinsgesellschaft in Weimar ꝛc. Ja, sogar die Strumpfwarenmanufaktur von Apolda schwang sich zu einem Poem auf.

Das Gymnasium in Wittenberg begrüßte das Brautpaar mit lateinischen Distichen, welche die Worte Goethes als Motto trugen:

„Vorüber führt ein gnädiges Geschick
Erhabne Helden, hochverehrte Fraun,
Es fesselt uns des heut'gen Tages Glück
Als Bleibende Dich unter uns zu schaun.

31. Großh. Hausarchiv, Abt. A. XXII. Carl Friedrich, Nr. 204.

32. Goethe-Schiller-Archiv Weimar 1831. Bald darauf mußte Prinz Wilhelm dem Großherzog sein Beileid über den Heimgang des Dichters ausdrücken. Vgl. Großherzogl. Hausarchiv, Abt. A. XXII. Carl Friedrich Nr. 204:

Berlin, den 25. März 1832.

„Gestern Abend erfuhren wir mit wahrem Bedauern den großen Verlust, welchen Weimar und mit ihm Teutschland zunächst und wirklich ganz Europa durch das Dahinscheiden Goethes erlitten hat! Wie gehn mit ihm für Weimar schöne Erinnerungen zu Grabe, wenngleich sein Name der Geschichte angehört."

Einen Brief Augustas anläßlich des Todes Goethes an den Kanzler von Müller, der ihr eine Goethesche Handzeichnung und seinen Vortrag „Goethe in seiner praktischen Wirksamkeit" geschickt hatte, veröffentlicht Deutschland, herausgegeben von F. Mauthner 1890, Nr. 17, S. 290 (Kaiserin Augusta und Goethe von Julius Wahle):

„Sie haben einen großen Wunsch erfüllt und einer wahren Sehnsucht Genüge geleistet, welche ich nach dem Besitz eines so teuren Andenkens empfinden mußte. Ihnen so zu danken, als ich es wünschte, ist mir leider nicht möglich, da, je größer die Gabe, der Maßstab der Worte um so geringer erscheint. Auch gehört alles, was sich an die Erinnerung eines Wesens wie Goethe knüpft, zu den Gefühlen, die nur empfunden, aber nicht beschrieben werden können.... Wenn jemals einem zu früh entschwundenen, unsterblichen Geiste ein Denkmal durch Freundeshand gestiftet, gleichsam sein ganzes Wesen in und vor uns fortbestehen ließ und als schriftliches Unterpfand auf gleiche Kulte bei der spätesten Zukunft Anspruch macht, so ist es gewiß mit alledem der Fall, was Sie über unsern Verlust ausgesprochen haben, besonders aber mit der letzten Denkschrift, durch deren Zusendung Sie mir eine so große Freude verursachten. Ich bewahre sie neben der Zeichnung, als von ihr unzertrennbar und mir eine doppelte Pflicht der Dankbarkeit auferlegend."

Die starke Bezugnahme in dem Goetheschen Brief (Goethe-Schiller-Archiv. Weimar 1831, fol. 194. 195), der hier zum ersten Mal vollständig mitgeteilt wird, auf die Verhältnisse des Gartenbaus erklärt sich offenbar aus dem Umstand, daß Goethe das Interesse für dieselben bei der Prinzessin, der späteren Schöpferin der Babelsberger und Koblenzer Anlagen, voraussetzen durfte.

Der Brief schließt: „Höchstdenenselben und Ihro erlauchten Kreise zu Gnade und Huld empfohlen zu seyn wünschend.
Weimar, den 9. November 1831.
Der Durchlauchtigsten Fürstin und Frauen Augusten,
vermählten Prinzessin von Preußen
gebohrnen Herzogin von S. Weimar-Eisenach.
Königl. Hoheit   nach Potsdam."

33. Ein schöner, schon vor langer Zeit veröffentlichter und mehrfach abgedruckter Brief der Prinzessin an diesen lautet:

Mein lieber Rudolf! (1847.)

Ich schreibe diese Zeilen am Vorabend des letzten Tages, an welchem Dein letztes Examen beginnen wird, und in bangem Vorgefühl der Dämmerung — dies Gefühl wurzelt in meiner mütterlichen Gesinnung für Dich. Deine Eltern haben Dich uns anvertraut und ich erkannte vom ersten Augenblick die Größe der Verantwortlichkeit, die wir übernommen hatten, sowie die Dankbarkeit, die wir Deinen Eltern für ihr Vertrauen schuldig waren. Ich habe Dich stets wie mein eigenes Kind betrachtet und behandelt; Gott, der in mein Herz sieht, kennt meine Liebe und auch meine Fürsorge. Er hat seinen Segen, „an welchem alles gelegen", dieser Erziehung geschenkt und ich freue mich, Dir sagen zu können, daß Du uns bisher nur Veranlassung zur vollsten Zufriedenheit gegeben hast. Ich danke Dir von Herzen dafür und rechne fest auf Dich für die Zukunft. Nun nur noch einen Rat und eine Bitte: — Das Leben ist ernst, und doch ist es nur die Vermittlung, Vorbereitung zu einem andern, höhern Leben; wir müssen also die uns gegebene Frist recht benutzen. Das Leben bringt Anfechtungen und Verführungen aller Art; wir müssen daher täglich von Gott die Kraft ausbitten, gegen sie zu kämpfen und unserm Grundsatz treu zu bleiben. Die Äußerlichkeiten des Lebens vermindern oft unsern Sinn für ernste Beschäftigung; wir müssen uns erinnern, daß wir täglich noch zu lernen haben und daß wir das bereits Erworbene verlören, wenn wir es nicht vervollkommnen. Das wünschenswerteste ist die Vereinigung von Charakter und Gemüt! Wohl denen, welchen Gott diese Gaben verliehen hat. Ich glaube sie bei Dir voraussetzen zu dürfen. — Meine Bitte besteht darin, daß Du ein Sohn für mich bleiben möchtest, ohne Dich irgendwie auch in veränderter Stellung entfernen zu lassen. Du wirst immer eine Freundin, eine Mutter in mir finden. Ferner bitte ich Dich, daß Du immer ein Freund und ein Bruder meines Sohnes bleiben möchtest. Fürsten haben leider selten wahre Freunde. — Sein Herz bedarf ein solches Verhältnis, und Du wirst ihm in mancher Beziehung von großem Nutzen sein können. Du hast es mir versprochen und ich baue auf Deine Dankbarkeit, wie auf Dein Ehrenwort! —

„Nun lebe wohl, mein lieber Rudolf, gebrauche diese drei Bücher nach ihrer verschiedenen Bestimmung und gedenke dabei immer Deiner zweiten Mutter

   Augusta Prinzessin von Preußen geb. S.=Weimar."

Mit gleich mütterlicher Sorgfalt nahm sich die Kaiserin des jungen Batsch an.

34. Vgl. Tägliche Rundschau (Beilage), Sonntag, den 16., und Dienstag, den 18. Februar 1890. Die Veröffentlichung ist von dem jungen Grafen von Roon unterzeichnet.

35. Der Kronprinz und die deutsche Kaiserkrone. Erinnerungsblätter von G. Freytag. Leipzig 1889.

36. Aus dem Munde des hannöverschen Ministers Stüve (durch Herrn Oberlandesgerichtspräsidenten Brüger in Jena): „Der Prinz Wilhelm hatte 1848 bei der Rückkehr von England angeblich geäußert, daß er das Mandat als Abgeordneter von Wirsitz nicht annehmen wolle. Als er es nun doch annahm, sagte der König von Hannover: „Sehen Sie, lieber Stüve, hier hat der Prinz Wilhelm gestanden, hier hat er erklärt, daß er nicht Abgeordneter werden wollte, und nun hat ihn die kleine Jakobinerin, seine Frau, doch herumgekriegt."

37. Vgl. Anmerk. 17. Diese Reise war nur nach großen Schwierigkeiten zu stande gekommen. G. von Bunsen erzählt darüber (Die Nation 1890, Nr. 17).

38. Vgl. Anmerk. 14.

39. Der diesen und den folgenden Mitteilungen zu Grunde liegende Briefwechsel wird, wie ich hoffen darf, bald der Öffentlichkeit übergeben werden können.

40. Vgl. Karl Biedermann: Mein Leben und ein Stück Zeitgeschichte I, 384 ff.

41. Großherzogl. Hausarchiv Abth. A. XXII. Carl Friedrich Nr. 204.

42. Denkwürdigkeiten aus den Papieren des Freiherrn Christian Friedrich von Stockmar. Zusammengestellt von Ernst Freiherr von Stockmar. Braunschweig 1872, S. 517.

43. Aus meinem Leben I, 530.

44. Vgl. G. von Bunsen a. a. O. S. 252. Dazu Bunsens Leben von F. Nippold. Teutsche Ausg. III, 165.

45. Vgl. G. von Bunsen (Die Nation a. a. O. S. 253).

46. Aus meinem Leben II, 347.

47. Aus meinem Leben II, 476.

48. Kaiserin Augusta, die Schloßherrin von Koblenz, von J. Bill. Düsseldorf 1890.

49. „Der Moment, wo der König der Königin die Krone aufs Haupt setzte, war sehr ergreifend. Ich glaube, es blieb in der ganzen Kirche kein Auge trocken. Auch die Königin war schön, that alles, was sie zu thun hatte, mit vollkommener Anmut und sah so vornehm aus" (Kronprinzessin Victoria an ihre Mutter, bei Th. Martin: Das Leben des Prinzen Albert V, 408).

50. Vgl. namentlich E. Gurlt: Zur Geschichte der internationalen und freiwilligen Krankenpflege im Kriege. Leipzig 1873.

51. Die Großfürstin Helena Pawlowna von Rußland hatte bei Ausbruch des Krieges an 300 Damen von St. Petersburg entsandt, um in den Spitälern thätig zu sein. Die internationale Konferenz zu Berlin (1869) schickte auf Vorschlag Langenbecks derselben ihren Dankesausdruck als derjenigen, „welche zuerst im Jahre 1855 durch Heranziehung der freiwilligen Hilfe, namentlich durch Entsendung von Ärzten, barmherzigen Schwestern und Pflege-Material jeglicher Art einen mächtigen Impuls zur Förderung des der Konferenz obliegenden Werks gegeben habe".
Miß Florence Nightingale, in Kaiserswerth zur Diakonissin ausgebildet, ging selbst mit 37 englischen Damen auf den Kriegsschauplatz. „Das Bild der Miß Florence Nightingale, wie sie in der Nacht mit einer kleinen Laterne in der Hand die weiten Schlafsäle der Militärspitäler durchwandert, und den Zustand jedes Kranken aufnimmt, um ihm die dringendste Hilfe zu verschaffen, wird sich nie aus den Herzen derer verwischen lassen, welche Gegenstand oder Zeugen dieser bewunderungswürdigen Barmherzigkeit waren" (Dunant).
Kaiserin Augusta stand in nahen Beziehungen zu ihr.

52. Mir liegt vor: Die Barmherzigkeit auf dem Schlachtfelde. Eine Erinnerung an Solferino von Henri Dunant, nach der vierten französischen Ausgabe, neu übersetzt von Dr. E. R. Wagner. Stuttgart 1864.

53. Vgl. darüber und über das folgende E. Lüder: Die Genfer Konvention. Erlangen 1876.

54. Vgl. Bericht des Centralkomités der deutschen Vereine zur Pflege im Felde verwundeter und erkrankter Krieger während des Krieges von 1870/71. Berlin 1872.

55. Vgl. Sanitätsbericht über die Deutschen Heere 1870/71. Zweiter Band II (Morbidät und Mortalität). Dazu W. Roth und R. Lex: Handbuch der Militär-Gesundheitspflege III. Berlin 1877, S. 543.

56. Über alle diese im Text nur angedeuteten Verhältnisse giebt jetzt die beste Auskunft Friedrich von Criegern: Lehrbuch der freiwilligen Krankenpflege.

57. Vgl. Bericht über eine Versammlung zur Gründung einer Genossenschaft freiwilliger Krankenpfleger an der Universität Jena, abgehalten am 24. Februar 1888 zu Jena. Dazu Jenaische Zeitung vom Sonnabend, den 24. Mai 1890 (nebst Beilage).

58. Vgl. Verhandlungen der internationalen Konferenz, abgehalten zu Berlin vom 22.—27. April 1889. Berlin 1869, S. XII.

59. Vgl. Kaiserin Augusta von B. v. d. Knesebeck. Breslau 1890, S. 14.

60. Entnommen der Magdeburgischen Zeitung v. 1. Febr. 1890.

61. Vgl. Tägliche Rundschau vom 20. August 1890 (Beilage). Gegen die Echtheit der in der Täglichen Rundschau veröffentlichten Briefe der Kaiserin Augusta an eine Frau von Bonin und eine Frau von Schöning sind in der Abend-Ausgabe der Norddeutschen Allgemeinen Zeitung vom 27. August h. a. Bedenken ausgesprochen worden. Die betreffende Notiz lautet:

„Die öffentlichen Blätter haben in der letzten Zeit Auszüge aus Briefen der hochseligen Kaiserin Augusta an eine Frau von Schöning und eine Frau von Bonin veröffentlicht. Über die

Echtheit dieser Briefe herrschen an maßgebender Stelle Zweifel, die jedoch noch besonderer Prüfung bedürfen, ehe sie als vollkommen gerechtfertigt bezeichnet werden können. Jedenfalls darf als feststehend angesehen werden, daß die hochselige Kaiserin in den siebziger und achtziger Jahren niemals, und schwerlich je vorher mit einer Frau von Schöning oder einer Frau von Bonin in eingehendem Briefwechsel gestanden hat."

Daß derartige Zweifel, und zwar nicht nur an einer, sondern an wohl allen der hierin maßgebenden Stellen bestehn, kann ich auf Grund eingezogener Erkundigungen bestätigen. Man kann sich durchaus nicht erinnern, daß die Kaiserin jemals briefliche Beziehungen zu Persönlichkeiten solchen Namens gehabt habe.

Auf der andern Seite hält die Tägliche Rundschau die Echtheit der Briefe in ihrer Erklärung vom 29. August h. a. voll und ganz aufrecht. Sie beruft sich namentlich auf den Inhalt der Briefe, der für jeden Sachkenner ihre Echtheit über allen Zweifel erhebe, und man wird in der That zugestehn müssen, daß, wenn hier eine ganze oder teilweise Fälschung (natürlich nicht von Seiten der Täglichen Rundschau) vorliegen sollte, dieselbe von einem außerordentlichen Geschick des Fälschers zeugt. Das einzige, was einen bei der Lesung dieser Briefe stutzig machen könnte, ist der Umstand, daß die Lebensanschauungen der Kaiserin, man möchte sagen, etwas zu handgreiflich und ostensibel hervortreten. Die Originale haben der Täglichen Rundschau nicht vorgelegen. Die Nennung ihres Gewährsmannes und Mitteilungen über den Ursprung ihrer Abschriften lehnt die Tägliche Rundschau mit der Begründung ab, daß nicht sie den Beweis der Echtheit, sondern die gegnerische Seite denjenigen der Nichtechtheit zu führen habe.

Unter diesen Umständen bin ich weder zu der vollkommenen Überzeugung von der Echtheit jener Briefe gelangt, noch habe ich einen völlig triftigen Anhalt für die Unechtheit derselben ausfindig machen können. Ich habe deshalb zu dem Ausweg gegriffen, von dem Inhalt der Briefe im Text nur einen ganz geringen und deutlich erkennbaren Gebrauch zu machen, dieselben aber im Anhang an geeigneten Stellen vollständig mitzuteilen, so daß der Leser imstande ist, sich selbst ein Urteil in dieser, von maßgebender Seite selbst mir als „rätselhaft" bezeichneten, in jedem Fall aber interessanten Angelegenheit zu bilden. (Vgl. S. 86.)

Der hier in Frage kommende Brief lautet:

„Mir ist nicht unbekannt geblieben, daß hier und da zwischen den Zeilen kulturkämpferischer Blätter zu lesen war, ich verriete durch mein ganzes Verhalten und namentlich auch durch meine Umgebung, die zum Teil erzrömisch wäre, ultramontane Anwandlungen. Diese Vermutung ist laut geworden, nachdem eine andere Lesart nicht mehr wiederholt wird, ich hätte großes Gefallen an der Freibeuterei. Die letztere Annahme entsprang wohl ebenfalls nur dem Umstande, daß ich, wie je nachdem mit strenggläubigen Katholiken, so auch mit Männern wie Humboldt und Böckh Beziehungen unterhielt. Ist denn nicht durch unser Staatsgrundgesetz Jedem zur Pflicht gemacht, den Grundsatz der Parität zu achten? Ich an meinem Teil gebe durch mein persönliches Verhalten und durch den Respekt vor beiden Glaubensrichtungen, der katholischen wie der protestantischen, diejenige Unbefangenheit zu erkennen, die mir in Beziehung auf religiöse Anschauungen als unerläßliches Gebot schon in frühester Jugend eingeprägt wurde. Wir kommen über den Kulturkampf hoffentlich bald und für immer hinweg, besonders wenn wir darauf bedacht bleiben, daß in demselben Verhältnis, in welchem die Tiefe des Zwiespalts der beiden Konfessionen sich hervortut, auch die versöhnende höhere Einheit geahnt werden kann, eine Einheit, deren Ahnung hier vor allem das tiefgefühlte Bedürfnis des gläubigen Gemüts ist. Ich wiederhole damit nur, was schon zu Anfang der dreißiger Jahre von dem tiefsinnigen Württemberger Baur ausgesprochen wurde, der in diesem Sinne den Kampf gegen den geistesmächtigen Katholiken Möhler aufnahm. Was jetzt im Kulturkampf durch Gesetzes-Paragraphen zum Teil erreicht werden soll, das war, nur idealer und gehobener gedacht, der Gegenstand wissenschaftlicher Fehden, denen, bald nach meiner Vermählung, Keiner fernzubleiben vermochte, der für die Grundsätze der beiden Lehrbegriffe auch nur im Geringsten ein Interesse hatte. Wir Alten sehen dem, was jetzt sich abspielt, gelassen zu, und daß nur ja nicht das religiöse Gewissen verletzt, nur ja nicht der Zusammenhang zwischen den beiden Widersachern, das Beide ewig einigende Band, zerrissen werde, das ist unsere einzige Sorge. Nicht bloß erhalten bleiben, sondern neu gekräftigt werden muß das Bewußtsein, daß zwischen den beiden religiösen Richtungen ein gemeinsamer Gottesgedanke vorherrscht, der alle Zeiten überdauert. Martha und Maria, beide bienten sie neidlos dem Einen bei aller Verschiedenheit ihres Wesens, und so ist auch für die zwei Vereinigungen ein gutes Nebeneinander nicht bloß möglich, sondern ganz natürlich. Mit einem der am Kampf der dreißiger Jahre Beteiligten, mit Philipp Marheinete, besprach ich den vermeintlichen Gegensatz oft und gern, das letzte Mal, als er mir seine Geschichte der Reformation überreichte, wobei er verriet, daß er sich's zur Pflicht gemacht hätte, auf dem Katheder wie auf der Kanzel vermittelnd, ausgleichend, versöhnend zu wirken, und als Hegelianer, bemerkte ich ergänzend, könnte er ja auch gar nicht anders. Bald nach seinem Tode kam von Bonn Nitzsch hierher, der mehr noch wie Marheinete an der Fehde mit Möhler beteiligt gewesen war. An ihm fand ich einen überzeugten Mithelfer meiner dem Frieden dienenden Bestrebungen, obwohl jede Faser an ihm protestantisch war. In seiner philosophischen Ruhe dünkte ihm die Überwindung des Gegensatzes höchster Triumph, und sein liebegesättigtes Herz fand für unser Ideal herrliche Argumente. Angesichts der hohen Ziele, die wir uns gesteckt haben, was will denn da ein konfessioneller Gegensatz bedeuten? Er ist ein Nichts; unter diesen Eindrücken wuchs ich heran und wurde ich erzogen. Ich kann nicht mehr davon ablassen, denn ich wüßte mich, von anderen Anschauungen beherrscht, nicht mehr zurechtzufinden. Wer ergreift mich denn mehr, Bach oder Palestrina? Ihre göttliche Musik bedeutet für mich gleich himmlische Harmonie. Das Alles fließt in einander, und wir sind glücklich, durch die Klänge ihrer Lobgesänge zu ahnen, wie der Gottesgedanke in zwei ganz verschiedenen Naturen zu herrlichster Offenbarung kommt. Weg also mit allem Trennenden. Da ich von Männern sprach, die das Trennende untersuchten, um hierdurch das Gemeinsame herauszuschälen, so muß ich noch Karl Hase nennen, von dem mir ein köstlicher Ausspruch im Gedächtnis liegt. Ich habe das Buch nicht zur Hand, sonst würde ich wörtlich citieren. Er war in St. Peter, und es verschlug ihm nichts, daß der milde Papst Pius auch über ihn den Segen spendete. Mein Landsmann Hase ist ein eifriger protestantischer Polemiker, aber aus den Herderschen Ideen kam er nie heraus, und ich denke, er wird auch weiterhin noch manches Wort der Versöhnung laut werden lassen. Nur recht viel christliches Denken und Empfinden, dann vergeht uns ganz von selbst die Lust am Konfessionellen, vor allem auch an dem unseligen Kulturkampf."

Über die genannten Persönlichkeiten findet man Auskunft z. B. in J. Nippolds Handbuch der neusten Kirchengeschichte. Dritte umgearbeitete Auflage. II § 52, S. 645 und III § 11, S. 145. —

Die S. 82 und 83 geschilderte Situation hat sich auch bis zum Abschluß des Satzes (am 14. September) trotz lebhafter Erörterungen in der Tagespresse nicht verändert. Gelegentlich derselben ist die wohlmeinende, leider unbegründete Hoffnung ausgesprochen worden, meine Schrift könnte zur Lösung jenes Rätsels etwas wesentliches beitragen. Diese Bemerkung hat dann in der Tagespresse durch allmähliche Umbildung die Gestalt angenommen, daß ich an einer großen Biographie der Kaiserin arbeite, „reiches, bisher unbekanntes Briefmaterial", „mit höchster Ermächtigung" bringen würde u. s. w.

Ich würde es lebhaft bedauern, wenn infolge solcher Übertreibungen meine kleine, durchaus anspruchslose Gelegenheitsschrift einem Leser Enttäuschung bereiten sollte — aber es wäre nicht meine Schuld.

62. Vgl. Tägliche Rundschau (Beilage) vom 15. August 1890: „Die Kaiserin hatte 1882 das Gespräch auf die erwähnte Bewegung (Antisemitismus) gelenkt, und hieran anknüpfend schrieb sie an Frau von Ponin:

„Ich komme auf unser neulich besprochenes Thema zurück, weil ich noch dies und jenes zu sagen habe. Die Art, wie in Volksversammlungen und in einem Teil der Presse gegen die Juden getobt wird, ist ganz und gar nicht nach meinem Geschmack. Die Bewegung wird bei dem Haß, zu dem einzelne Führer aufreizen, total unchristlich, und weil dies Moment je länger je mehr hervortritt, so frage ich, was soll der Lärm? Er trägt in die Volksseele viel Gift hinein, und die Folge wird sein, daß auf viele Jahrzehnte hinaus die Juden in ihrem Gemüt sich verhärten. Ich weiß noch von meiner Jugend her, daß in den zwanziger und dreißiger Jahren eine der heutigen antisemitischen Bewegung völlig entgegengesetzte im Gange war: damals ließen sich von den angesehenen Juden sehr viele taufen, und deren Familien zählen heute mit zu den respektabelsten im Lande. Damals trug sich das Christentum mit seinem vorherrschend humanistischen Gepräge allen als eine begehrenswerte Religionslehre an, denn damals hatte sich die Weltanschauung mit Herderschen Lehren und mit Hegelschen Grundsätzen erfüllt, und das Christentum übte eine bezwingende Wirkung auf alle intelligenten Bekenner der israelitischen Religion aus. Es bleiben mir die Stunden unvergeßlich, in denen ich mit Leopold Zunz religiöse Fragen besprach. Nicht viel fehlte, und auch er gab „die große Grille seiner Seele" auf. Damit bezeichnete er seinen Entschluß, es anderen nicht nachzuthun, die Christen geworden waren. Der Zug zum Christentum war ein gewaltiger geworden. Das wird jetzt alles anders werden, und ich möchte besorgen, der Antisemitismus werde, wenn er andauern sollte, in socialer und politischer Beziehung grade so schädlich wirken, wie nach der religiösen und sittlichen Seite hin, wenn ich nicht der festen Überzeugung wäre, daß er sich wieder verlaufen wird, weil er ein bloßes Kampfmittel zur Erreichung augenblicklicher politischer Zwecke ist. Ja, ich glaube, die Zeit ist nicht mehr allzu fern, wo Viele nicht werden zugeben wollen, jemals von dem antisemitischen Wahn besessen gewesen zu sein. Ich habe natürlich keinerlei Neigung, mich für die specifisch jüdische Sache zu echauffieren, aber ich mißbillige den Antisemitismus, weil er eine durch und durch unchristliche Erscheinung ist. Wir schädigen durch ihn unser Ansehen und bringen uns in den Verdacht religiöser Unduldsamkeit. Wo bleibt denn die Möglichkeit, auch nur noch einen einzigen Juden dem Christentum zuzuführen? Und zählt denn nicht zu den christlichen Vereinigungen auch die Judenmission? Damit ist es vorbei, und vollends entrückt sind wir dem Ausblick auf die Zukunft, die nach neutestamentlicher Verheißung für den einen Hirten eine Herde haben soll. Ich habe es freudig begrüßt, daß der Kronprinz für den antisemitischen Lärm strafende Worte hatte; es sind ihm wohl mütterliche Worte im Gedächtnis geblieben, die den Lehren Herders entnommen waren. Ich halte dafür: wir müssen aus der jetzigen Strömung so bald als möglich wieder heraus, und mein Bedauern über die Vorgänge soll sich verringern, wenn die Juden aus ihnen für ihr Verhalten manch guten Wink bekommen haben."

Erläuterungen zu diesem Brief giebt die Tägliche Rundschau (Beilage) vom 21. August 1890 aus G. Karpeles „Geschichte der jüdischen Litteratur".

Vgl. im Übrigen Anm. 61.

63. Die christliche Welt 1890 Nr. 8, S. 184.

64. v. d. Knesebeck a. a. O. S. 4.

65. Tägliche Rundschau 1890, S. 107.

Eingehende Mitteilungen über die Stellung der Kaiserin in der socialen Frage bringt die Tägliche Rundschau in ihren Beilagen am 12. Januar und 1. Februar 1890. Dieselben beruhen auf Gesprächen mit altliberalen Abgeordneten, namentlich mit dem Dr. Lette.

Hiernach äußerte die Kaiserin ihre Entrüstung über den Wollüstling Lassalle. Wer als Socialist auf die Menge einwirken wolle, müsse reinen Herzens sein. Seine Lehre beruhe auf fatalistischem Grunde. Die Verschiedenheit im Besitz sei geradeso etwas von der Vorsehung Gewolltes, wie die Natur rings um uns her neben erhabenen Bildungen verkümmerte Gestaltungen aufweise. Ihre eigenen socialistischen Ideale wurzelten in dem Herderschen Humanismus, der ihr in der Jugendzeit das Christentum liebevoll entgegengebracht habe. Ihr Ideal wäre, überreiche Menschen zu überzeugen, daß sie die Pflicht hätten, alles Überflüssigen freiwillig sich zu entäußern. Für keine ihrer Schöpfungen habe sie jemals die Hilfe des Staates angerufen. „Dann sind wir nichts mehr, sobald wir uns nicht selber helfen können." Vorbildlich seien der Kaiserin die Selbsthilfgrundsätze eines Schulze-Delitzsch, Wichern, Bodelschwingh gewesen. Aber überall habe ihr ordnender Sinn an das Maßhalten gemahnt unter Berufung auf den Schillerschen Satz:

„Alles sei recht, was Du thust, doch dabei laß es bewenden,
Freund, und enthalte Dich ja, alles, was recht ist, zu thun.
Wahrem Eifer genügt, daß das Vorhandne vollkommen sei;
Der falsche will stets, daß das Vollkommene sei!"

Der erstere dieser beiden Aufsätze ist mit Dr. B. unterzeichnet. Später hat die Tägliche Rundschau, und zwar in der Nummer vom 3. August (Beilage), auch noch einen Brief der Kaiserin an eine Frau von Schöning aus dem Jahre 1863 veröffentlicht, welcher in seinem Inhalt mit den oben mitgeteilten Äußerungen der Kaiserin übereinstimmt und folgendermaßen lautet:

„Ich bin besorgt, daß die sociale Bewegung eine üble Wendung nimmt, weil mit der sogenannten socialen Frage experimentiert wird. Den König, meinen Gemahl, kann ich nicht in Anspruch nehmen, weil ihm die laufenden Geschäfte ganz und gar keine Zeit übrig lassen, in theoretische Erörterungen einzutreten, und es ist doch gerade für diese Angelegenheit wichtig, einen festen Punkt zu finden, von dem aus man die Bewegung ins Auge faßt. Verständnis für das, was mir als heilsam vorschwebt, finde ich beim Kronprinzen, der gern mit Schulze=Delitzsch die Sache bespricht, und auch ich kann nur in der Selbsthilfe das sicherste Mittel zur Beseitigung vielerlei Not und Bedrängnis erblicken. Der Ministerpräsident will augenscheinlich von Schulze und dessen Bestrebungen nichts wissen. Werden nun vollends die Anhänger des selbstlosen Volksmannes bedrängt oder gar chikaniert, so treibt man sie in das Lager des atheistischen Lassalle, dessen unsittlicher Lebenswandel zwar bekannt ist, der aber die Massen nicht von ihm abbringt. Lassalles Fatalismus giebt der Bewegung ein geradezu verhängnisvolles Gepräge; die Zahl seiner Anhänger wächst von Tag zu Tag und der Bewegung wird durch unheilvolle politische Zerwürfnisse Vorschub geleistet. Was sollen wir thun? Zu abwartender Haltung verurteilt, bleibt uns nichts weiter übrig, als viel Menschenliebe an den Tag zu legen. In ihr liegt namentlich für die sociale Bewegung das befreiende, erhebende, erlösende Princip, und wenn wir Organisationen schaffen, die ganz und gar in dieser höchsten göttlichen Kraft wurzeln, so errichten wir damit Dämme gegen die socialistische Überflutung. Ich weiß, wie sehr wir beide hierin einer Meinung sind, und ich weiß zugleich, daß Sie nur Liebe üben in vollster Selbstlosigkeit. „Edel sei der Mensch, hilfreich und gut" — dieser Satz meines großen Lehrers sei die einzige Antwort auf Lassalles Irrlehre, die so viel Unfug anrichtet, weil sie die Lust an der Begehrlichkeit steigert. Sie ist praktisch unausführbar, und davon werden sich die von dem eitlen Manne bethörten Massen hoffentlich recht bald überzeugen. Aber wir können nicht wissen, wie lange noch der Wirrwarr andauert und ob er nicht noch größere Dimensionen annimmt. In der Zwischenzeit also haben wir unsere Schuldigkeit zu thun, und allerdings müssen wir Großes zu schaffen bemüht bleiben, damit begriffen werden kann, was Wohlthun im großen Stil bedeutet. Und alles möglichst geräuschlos, auch ohne jede Zumutung an das religiöse Empfinden. Ich habe an Patow und Lette meine wirksamsten Mithelfer, und ihr Rat bewahrt mich vor Verzettelung der Kräfte wie vor ziellosem Handeln. Weil alles, was an Statuten oder sonstigen Bestimmungen von mir ausgeht, von praktischen Männern zuvor wohl überdacht worden ist, so können Sie von allem Material, das ich Ihnen zugehen lasse, unbedenklich Gebrauch machen. Wenden Sie sich niemals an eine Behörde um Rat und Unterstützung; wir müssen, was wir vorhaben, aus uns heraus fertig zu bringen wissen. Ich schließe diese Zeilen mit dem freudigen Bekenntnis: nur in der Menschenliebe liegt die Lösung der socialen Frage, und wenn wir unser Gemüt recht erheben, unsern Geist kräftigen, unser ganzes Sein wieder beleben wollen, so halten wir uns Korinther 13 zur Hand. Der Paulinische Lobgesang ist höchste Poesie, das ist mein Evangelium. Ich denke Sie in acht Tagen bei mir zu sehen, da sprechen wir weiter davon."

Vgl. Anm. 61.

66. Vgl. Lina Morgenstern: Die Frauen des XIX. Jahrhunderts II. Berlin 1889, S. 188.

67. Entnommen der Neuen Preußischen (Kreuz-) Zeitung, Abendausgabe, vom 10. Januar 1890.

68. An Frau von Schöning aus Koblenz 1876 (Tägliche Rundschau 1890. 7. August, Beilage).

„Unsere liebe Bonin erfreut mich durch ihre Teilnahme für Krankenanstalten und erachtet für notwendig, daß in jeder preußischen Provinz mehrere solcher Heilstätten erstehen, wie Bethanien und mein Augusta-Hospital. Das kostet viel Geld, schrieb ich ihr zurück, aber ich setzte hinzu, sie möchte dadurch sich nicht abschrecken lassen, ihr Ziel zu verfolgen. Je mehr wir brauchen, um so reicher fließen die freiwilligen Beiträge von allen Seiten zusammen. Es erlernt sich bei gutem Willen die Kunst rasch, Andere für gute Zwecke zu gewinnen, und ich habe ein paar Peabodys gefunden, die immer einige Tausend Thaler übrig haben. Ich rede immer von Thalern, weil die dreimal so viel wert sind, als unsere Markstücke. Wer früher ohne Besinnen 500 Thaler hergab, der zeichnet jetzt 1000 Mark, und das bringt uns zurück. Der Kaiser sagte zwar neulich, das ginge nicht, daß wir auf die alte Währung zurückgriffen, und ich sah ihn groß an; er setzte indeß rasch hinzu, er hätte nur gescherzt, und nach einer halben Stunde erhielt ich von ihm als Beitrag zu meiner Sammlung eine Rolle mit hundert Thalerstücken. Von dieser Episode auf Wichtiges zu kommen: Wir wollen doch ja all' unsere Kräfte recht konzentrieren; darin liegt das Geheimnis überraschend großer Erfolge. Hierüber hielt mir vor einigen Wochen Langenbeck einen förmlichen Vortrag, dem ich mit großem Interesse folgte. Da haben wir jetzt, sagte er, nicht bloß unsere Chirurgen-Kongresse, durch die wir zu übersehen vermögen, wie es mit unserer einzelnen Disziplin eigentlich steht, sondern großartig ist geradezu, daß auf internationalen Ärzteversammlungen Mediziner vom ganzen Erdenrund zusammenkommen, um Umschau zu halten. Das wird uns fördern und nicht bloß unserer Wissenschaft trefflich zu statten kommen, sondern diese Zusammenkünfte haben eine kulturgeschichtliche Bedeutung. Sie wirken zugleich politisch wie religiös versöhnend und ausgleichend. Was sollten uns wohl unsere Kliniken und Heilstätten, wenn wir sie nicht ausstatten könnten mit den Wissensschätzen aller Meister rings um uns her? Wie lange doch verwerten wir kraft der Konzentration unserer Kräfte die wissenschaftlichen Ergebnisse aus aller Herren Länder — — Langenbeck wurde ganz Jüngling, als er mir den Segen des geistigen Zusammenwirkens der medizinischen Gebiete erläuterte und seine begeisterte Rede mit dem Satze schloß: Nur alles hübsch zusammenthun, das geistige wie das metallene Kapital, wir leben nun einmal im Genossenschafts-Zeitalter, und damit stellen wir uns am besten in den Dienst der Menschheit. Ich habe Langenbeck von allen meinen lieben Damen erzählt, die mir mithelfend zur Seite stehen, und er ist von unseren Bestrebungen so eingenommen, daß er mir sagte, es würde ihm wohl gelingen, den Kreis stiller Wohlthäter durch einige Nabobs zu erweitern. Die nächste größere Summe soll an unsere liebe Bonin abgehen, ich freue mich schon darauf, wie ich denn bei aller leiblichen Not, die mich drückt, glücklich bin, daß manches von dem gelingt, wobei mir edle Menschen Beistand leisten." Vgl. Anm. 61.

69. Vgl. Die letzte Stiftung der Kaiserin Augusta von E. von Bergmann. Berlin 1890.

70. v. d. Knesebeck a. a. O., S. 8.

71. Vgl. Sonntags-Beilage zur Norddeutschen Allgemeinen Zeitung vom 13. April 1890. Die dritte Tochter der Landgräfin Karoline von Hessen, Wilhelmine, war verheiratet mit dem Großfürsten-Thronfolger Paul von Rußland und wurde so die Großmutter Kaiserin Augustas. Die ältere, Friederike, heiratete den

nachmaligen König Friedrich Wilhelm den Zweiten von Preußen und wurde so die Großmutter Kaiser Wilhelms I.

72. G. von Bunsen in der „Nation". Dasselbe hebt auch nachdrücklichst Dr. G. H(inzpeter) hervor in seiner Schrift: „Zum 11. Juni 1879". Bielefeld 1879.

——————

Neben den bereits im Text oder in den Anmerkungen genannten Persönlichkeiten habe ich noch am Schluß dieses Büchleins für freundliche Mitteilungen und Unterstützung Herrn Archivdirektor Burkhardt, Herrn Professor Suphan, Direktor des Goethe- und Schiller-Archivs, und Herrn Dr. Julius Wahle an eben diesem Institut in Weimar sowie Herrn Professor Nippold in Jena bestens zu danken.

——————